SHODENSHA
SHINSHO

潜在能力を引き出す
「一瞬」をつかむ力

齋藤 孝

JN099725

祥伝社新書

はじめに

なりたい自分になる――。よく聞く言葉ですが、突き詰めれば、人生の悩みはこれに尽きます。容姿、仕事、家庭……あらゆる面で理想に近づきたいと思うのは、誰しも変わりません。私は仕事柄、就職活動をしている大学生と接しますが、彼ら・彼女らが企業を選ぶにあたっての悩みは、「自分のやりたいことがわからない」です。

これは、社会人になってからもつきまといます。二十～三十代では「もっとやりがいのある仕事はないのか」「もっと条件のいい会社に移るべきか」、四十～五十代になれば「このまま定年を迎えていいのか」「老後をどう過ごすのか」、退職後は「仕事から離れた自分はいったい何者なのか」という問いにぶつかります。

このように、結局のところ「自分」に行き着く。問題は、その「自分」をどこに探すか、です。

書店やインターネットには、自分探しに関する書籍や記事が溢《あふ》れていますが、多くは「本当の自分」や「あるべき姿」を探すものだったり、成功した人を目指すべきロールモデルとするものだったりします。つまり、自分の外側に「本当の自分」を探している。

しかし私は、これはまちがった方法だと考えています。灯台下暗《もと》し、という言葉があるように、まずは足もとを見る。つまり、自分というものを外側に求めるのではなく、内側に求めるわけです。こう言うと、就職活動で行なう自己分析のように、自分の内面を掘り下げて、埋まっている「本当の自分」を掘り当てるイメージを持つかもしれません。けれども、私が本書で紹介するのはすこし違います。その方法がタイトルに挙げた、「一瞬」をつかむというものです。

これだけでは、すこしわかりにくいかもしれませんね。読者のみなさんは、人生や仕事においてすばらしいと思える体験をしたことがあると思います。たとえば、学校のテストや部活動で良い成績を残せた、仕事で目標としていた成果を上げられた、プロポーズが成功した……などなど。

その時のことを思い浮かべていただくと、まるで一瞬が永遠に続くような感覚を覚えたのではないでしょうか。「ああ、これがまさに自分のやりたかったことだ」と。

私たちはその時、自分が思っていた以上のことを成し遂げたことに、すこし驚いています。「自分のなかにこんな力があったのか！」という感覚です。それは、世界と自分が出会うことで、眠っていた「潜在能力」が発揮されたということです。

こうした感覚をつかむ力をつける、すなわち、再現可能なものにすること。

それが本書の目的です。そのために、二人の心理学者——「ピーク体験」で知られるマズローと「フロー」で知られるチクセントミハイ——の考え方を参照しながら、解説していきます（巻末に参考文献としてまとめています）。

「青い鳥」を探すように「本当の自分」を外に求めるのでも、内面を掘り進んで袋小路に陥《おちい》るのでもない方法で、「なりたい自分」になる。

読者のみなさんが、その方法を身につけて自分らしい人生を送ることができることを願っています。

二〇二〇年四月

齋藤《さいとう》 孝《たかし》

目次

第2章

自己実現のための「ピーク体験」

第3章

「フロー状態」に入る方法

第4章 クリエイティビティを身につける

第5章

潜在能力が動き出す時

編集協力　高田秀樹
図表作成　篠　宏行

第1章

「一瞬」をつかむ

●時間がゆっくり流れる感覚

私は、中学・高校と部活動でテニスに打ち込んでいました。その練習や試合の最中に、時々、時間がゆっくり流れているかのような感覚にハッと気づくことがありました。

具体的には、周囲の音が遠のき、自分が次にやるべき動作やショットの軌道が見えていて、あとはそれをなぞるようにプレーを遂行すれば相手に勝てる、といった感覚です。

それは、まるで湖の底に沈んだような静けさのなかに自分がいるような、とても不思議な体験でした。

もちろん、プレーは素早く行なわれているのですが、そのスピードが速ければ速いほど、むしろゆっくりと感じられる。まさにスローモーションの映像のようでした。

ただ、こうした体験は頻繁《ひんぱん》に起こるわけではありません。ある種のプレゼントのようなもので、意図して起こせるものではありませんでした。

このような、ふだん以上の力を発揮できる体験とは逆に、本来自分が持っているはずの力をまったく出せない経験もありました。

大学受験の本番中、パニックになって頭が真っ白になってしまったのです。数学で難しい問題を見た瞬間、これは解けそうにないと感じ、あわててしまいました。とりあえず次の問題に進んでみたけれど、これもだめだから次に……。そんなことをやっているうちに、一時間たっても一問も解けていない。

もう、これは落ちるなと思って、半ばあきらめて答案用紙から目を離して、しばらくボーッとしていました。すると、ふとした瞬間に何か光が見えたような気がしたのです。改めて問題を見てみると、なんだ解けるじゃないかと思えた。そして一問目を終えて二問目も解けた。それで三問目のところで、時間切れになってしまいました。

同じ試験時間中ですから、自分の学力に変化はありません。緊張していたのか、状況に呑《の》まれてしまったのか、いずれにせよ頭がまったく働いていなかったわけです。

これは能力の問題でもあります。たとえば、高校生が小学校レベルの問題を解く時に緊張なんてしません。自分の能力に余裕がない時に、このようなことが起きるのです。

スポーツでも同じです。高校野球などを見ていると、甲子園《こうしえん》に出場した緊張で硬くなっている選手がよくいます。ピッチャーが暴投してしまったり、野手がエラーしてしまったりするのも、高校野球なら一生懸命の美しいプレーと映りますが、同じことをプロ野球の選手がしたら野次が飛ぶでしょう。

もちろん、プロのスポーツ選手であっても、重要な試合で力《りき》んでしまうことはあるでしょうが、精神的にも技術的にも高度になれば、その頻度は下がっていきます。

●ピーク体験

とはいえ、私たちは常に余裕のある状況で仕事をしているわけではありません。むしろ、自分の力を最大限発揮しなければならない時のほうが多いでしょうし、そのような時に自分の力のベストを発揮できることが望ましい。

そこで、**ふだん以上の能力を発揮する、特別な体験を意識的に繰《く》り返すことができないか**、と私は考えました。そして大学に入ると、自分の身体を実験台にしていろいろ試《ため》してみました。

その一つが、呼吸法です。パニックになる時、呼吸が浅くなっていることに気づいたからです。よく、落ち着くためには深呼吸をしなさいなどと言われますが、正しい深呼吸のしかたを誰も教えてくれません。

そこで、私はヨーガを習いに行き、「完全呼吸法」を学びました。ヨーガにおける呼吸は息を吸うことよりも、吐《は》くことが基本になります。具体的には、お腹と背中がくっつくくらいに息を吐ききれば、空気は自然に入ってくるのであって、それが深い呼吸となります。通常、特にあせったりパニックになったりすると、息を吐ききる前に吸ってしまうため、呼吸が浅くなってしまうのです。

ヨーガの語源は、サンスクリット語で「つながる」という意味の言葉とされています。つまり、呼吸を通して宇宙と個人が結合するということが、ヨーガの大きな目的です。

完全呼吸法をしていると、次第に自分というものがスーッとなくなって、感覚が研《と》ぎ澄まされ、大きな宇宙と一体化するような感覚が生まれます。ややスピリチュアルな表現のように聞こえるかもしれませんが、こうした体験は、テニスで調子がいい時に感じるものと似ていたのです。

「はじめに」でも触れたように、人生のすばらしい瞬間は、一瞬がまるで永遠に続くように感じられるものです。たとえば、好意を告白した相手にＯＫしてもらった時、その一瞬は、時間が止まったように感じたことでしょう。

こうした特別な体験を、本書では、アメリカの心理学者アブラハム・マズロー（一九〇八～一九七〇年。以下マズロー）にならい、**「ピーク体験（Peak Experience）」**と呼びます（マズローの著書の邦訳では「至高経験」とされています）。

マズローはピーク体験について、次のように説明しています（ふりがなは筆者。以下同じ）。

至高経験という語は、人間の最良の状態、人生の最も幸福な瞬間、恍惚《こうこつ》、歓喜、至福や最高のよろこびの経験を総括したものである。このような経験は、創造的恍惚感、成熟した愛の瞬間、完全な性経験、親の愛情、自然な出産の経験などというような、深い美的経験からでたものであることがわかった。

（マズロー『人間性の最高価値』）

一口に言えば、人間は人生における最高の瞬間にある種の神秘を感じます。安易な神秘主義には与《くみ》しませんが、何かのためにすることではなく、それ自体が目的となるようなことがピーク体験と呼べるものです。

●ピークを感じる時

読者のなかには、そのような神秘体験など、経験したことがないと言われる方もいるかもしれません。「永遠」など感じたことなんてない、と。また、永遠という言葉にピンとこない方もいるかもしれません。

しかし、実はあまり意識していないだけで、多くの人がこのようなことを体験しています。まずは、簡単に「自分にとってベストな状態」と捉《とら》えていただければけっこうです。**ベストな状態を発揮するためにはそもそもそうした状態、つまりピーク状態がどのようなものであるかを知っておくことが大事**です。ピーク感覚を持つということです。

高校時代にクラスでブラスバンドをした知人は、次のように言っています。「最初は上手くいかなかったが、練習を重ねた結果、発表の時にはみんなが出している音全体が一つの生き物のようになって、それが体育館を包み込むような感覚を覚えた。演奏中もすごく高揚し、終わったあとにはみんなが泣いていた」

部活やサークル活動に打ち込んでいた人なら、多かれ少なかれ、このような経験をした方もいるでしょう。集団行動が苦手な人でも、子ども時代にブロックやプラモデル、テレビゲームに熱中していた、一度やりだすと寝食を忘れて没頭していたということはあるでしょう。

そんな時、人は普通の時間感覚とは別の時間を生きています。

自分が体験することばかりではありません。オリンピックなどスポーツの試合を観《み》ながら、たとえば体操の日本代表選手が技を決める瞬間、固唾《かたず》を呑《の》んで見守っている時に一瞬、時間が止まったように感じられた。そして、ゆずの「栄光の架橋」が流れるたびにその感動が思い出されるという人もいるでしょう。

ピーク体験の度合いもさまざまです。すべてが一〇〇パーセントの完璧なピークには至らないかもしれませんが、八〇パーセントの体験があるかもしれません。

こうした経験を、自分のこれまで生きてきたなかで、出来事を振り返りながら、ぜひ挙げてみてください。できれば、書き出してみる。

自分がどのような経験をした時にピークを感じるのか。

そうした事例から、意識的にピークを生み出すための糸口が見えてきます。

●過去の苦難が報われる一瞬

こうした特別な一瞬は、その時だけの幸福感を与えてくれるだけではありません。この瞬間があることで、人生全体が豊かになるのです。たとえば、毎年、大学の合格発表は悲喜こもごもですが、浪人など何かしら苦労を経て合格した人は、その瞬間に過去の苦難が報われます。

テニスのロジャー・フェデラーが二〇一七年の全豪オープンでナダルを下した時、その目には涙が溢れていました。フェデラーと言えば、史上最高のプレーヤーの一人であり、四大大会の優勝を何度も経験しています。そのフェデラーが、怪我を乗り越えて五年ぶりに優勝を果たしたスピーチで、言葉に詰まったのです。

フェデラーの本当の気持ちは想像するしかありませんが、年齢と怪我という苦難が、その優勝を彼にとって、それまで以上に格別なものにしたのだと思います。

このように、特別な一瞬は、今を祝福すると同時に、そこに至る苦難を含めたすべてを肯定してくれます。

ニーチェは、著書『ツァラトゥストラはこう言った』（氷上英廣《ひかみひでひろ》訳、岩波文庫）のなかで「これが生きるということであったのか？　よし！　もう一度！」と「永遠回帰」の考え方を示しました。ゲーテは『ファウスト』で、「時よ止まれ、お前はいかにも美しい」という台詞《せりふ》を記しています。

本当は、人生すべてを肯定できるのが理想ですが、それはとてもハードルが高い。そもそも人生全体を振り返ることができるのは死ぬ時ですから、その時に肯定したとしても、さほど意味があるとは思えません。

私は、**人生すべてを肯定しなくとも、一瞬であってもそのように思える時が人生のなかであればよい**と思っています。何かに感動できれば、その感動を得るまでに経てきた時間は肯定されるのではないでしょうか。

マズローはピーク体験について、次のように述べています。

「至高経験」という言葉は……適切な表現である。激しい感情の高まりは、クライマックス的で、一瞬のものであり、恍惚の域を出た落ち着きや、おだやかな幸福感や、最高善をはっきりと落ち着いて静観《せいかん》する心からの喜びに、とって代わらなければならないのである。

（マズロー『人間性の最高価値』）

●「感情の絶対値」を味わう

巷《ちまた》では、ポジティブ・シンキングが流行《はや》っているようです。半ば自己暗示をかけるかのように良いイメージを持つことは、ビジネスなどにおいて心理的に前向きになる方法としてはいいかもしれません。

しかし、本当に**ポジティブなことだけを人生の価値と捉えるのは、すこしもったいない**ような気がします。

現実にはなかなかいないと思いますが、もし本当に何があってもポジティブな人がいたら、どうでしょうか。そのような人と話していても、なんだか味気ないような気もしますし、余計なお世話ですが、十代の終わりに太宰治《だざいおさむ》でも読んだほうがよかったのではと言いたくなります。

人生の味わいや醍醐味《だいごみ》は、単に良いことだけでなく、悲しみや痛みがあるからこそわかることもあります。『小倉百人一首《おぐらひやくにんいっしゅ》』に次の歌があります（鈴木日出男《すずきひでお》『百人一首』ちくま文庫より引用）。

月みれば　ちぢにものこそ　悲しけれ　我が身一つの　秋にはあらねど
月を見ると、あれこれとめどなくものごとが悲しく思われることだ。なにも私一人だけを悲しませるために来た秋ではないけれども……。
（二三番・大江千里《おおえのちさと》）

このように、日本人は季節のなかに悲しみを見出《みいだ》すという共通感覚を持っています。だからこそ、その他の季節の明るさも感じられるのです。愛する人と共にいる喜びは、別れを経験してこそ理解できるものがあります。『万葉集《まんようしゅう》』には、別れを歌ったものがたくさんあります（中西進《なかにしすすむ》『万葉集　全訳注原文付㈢、㈣』講談社文庫より引用）。

君が行く　道のながてを　繰《く》り畳《たた》ね　焼き亡《ほろ》ぼさむ　天《あめ》の火もがも

あなたのいらっしゃる道の、長い道のりをたぐり寄せて畳んで、焼き尽くしてしまうような天の火がほしい。

(巻十五、三七二四・狭野《さのの》茅上娘子《ちがみのをとめ》)

父母が　頭《かしら》かき撫《な》で　幸《さ》くあれて　いひし言葉《けとば》ぜ　忘れかねつる

父母が頭を撫でて、無事でいよと言った言葉が、忘れかねるよ。

(巻二十、四三四六・丈部稲麿《はせつかべのいなまろ》)

前者は流罪《るざい》となった恋人を、後者は防人《さきもり》として任地に旅立つ少年が親を想《おも》って詠《よ》んだものです。現代には流罪も徴兵もありませんが、人生に別れはつきものです。このような悲しみは、ないに越したことはないように思えますが、悲しみのない平板な人生では味わえない感情の大きさがあります。私はこれを「感情の絶対値」と呼んでいます。

感情は、使わなければなまってくるものです。日々ジェットコースターのように感情の起伏が激しいのは精神的負担が大きすぎてよくありませんが、何事も起きず平穏なだけでは感情の働きが弱くなってしまいます。

ピーク体験を経験できるためには、自分のなかの「感情の絶対値」を大きくしていくこ

とが必要です。絶対値が大きければいいので、それはプラスの感情でもマイナスの感情でもかまいません。

感情の絶対値を上げていくうえで有効なのは、文学など芸術作品です。人はうれしい出来事による高揚感ならまだしも、どん底に突き落とされるような悲劇に何度も耐えられるものではありません。芸術作品は、その大きな感情の絶対値をゆるやかに追体験させてくれるからです。

●「自分」が抜けていく

うれしさや悲しさは通常、「自分」が感じるものだと捉えられています。また、欲望は、自《みずか》らの快楽を追求するものです。

いっぽう、**ピーク体験に至ると、感情から「自分」というものが抜けていく**ようになります。本当にすばらしい瞬間、人は「自分が、自分が」という小さな感情に囚《とら》われなくなるのです。これがピーク体験の一つの特徴です。

山登りが好きな人にその理由を尋ねると、雄大な山々に包まれるような感覚を挙げます。自分の足で頂《いただき》を踏破する喜びもありますが、実際に頂に立つとそのようなちっぽけな自我は消えてしまうとも言います。

私は大学時代に瞑想《めいそう》法を研究していたのですが、小笠原《おがさわら》諸島に行き、海の底で坐禅を組んだことがあります。五メートルほども潜《もぐ》ると音が聞こえなくなり、息も止めているので、外界と遮断されて、自分が無《む》になったように感じられました。

私たちはふだん、自分をしっかり持っていることが良いとされます。学者は自分の考えを述べて議論するのが仕事ですし、企業人もまた自分の意見を求められます。

しかし、そのように毎日「自分が、自分が」と前に出ていると、ある時ふと「なぜ、自分はこれをやろうとしていたのか」と、ある種の空虚感に襲われることがあります。自分の利益を得たり、自我を突き詰めたりすることにいったいなんの意味があるのだろうと思うわけです。

真に自己実現をしている人について、マズローは次のように述べています（傍点は原文ママ）。

不動、非人格的、無欲、無私で、求めずして超然たるものである。自我中心ではなく、むしろ対象中心である。……美的経験や愛情経験では、対象に極度にまで没入し、「集中する」ので、まったく実際のところ、自己は消えてしまうばかりである。

（マズロー『完全なる人間』）

つまり、**自分の利益や報酬のためにするのではなく、それとは別の動機から物事を行なうようになり、しかもそれが自分の喜びと一体である状況**です。そういう性質の内発的（自分のなかにある）動機を持っている人が「自己実現」をしている人だというわけです。

●ピーク感覚を養う練習

このように見てくると、ピーク体験がどういうものなのか、すこしおわかりいただけたかと思います。永遠を感じられるような一瞬とは、単なる神秘主義ではありません。マズローは著書のなかで、ピーク体験の研究は超自然的なものではなく、科学的なものであると強調しています。

私は特定の宗教や神様を信じているわけではありませんが、人生のなかにピーク体験と呼べる一瞬があるからこそ、この世は生きている価値があると考えています。

だからこそ、私たちはまず、**そうした一瞬が何気ない日常のなかにあることに気づく必要があります**。というのも、現代人は情報過多で、ピーク体験となる一瞬をつかみ損《そこ》なっていることが多いからです。

旅行に行っても、体験そのものを味わうよりも、ＳＮＳへの掲載が目的になってしまっている人がいます。たとえば、パリでルーヴル美術館に行ったら、「モナ・リザ」「ミロのヴィーナス」……とあれやこれや見てと大忙しです。

そもそも一日で回れる広さではありませんからしかたないのですが、ともすればせっかく行ったのに、「名作の確認作業」になってしまいがちです。そこに行って見たことの証明のような写真をスマートフォン（スマホ）で撮って、ＳＮＳに上げることが目的化してしまうのです。

本来、美術品を見ることの意味は、それによって開かれる新たな感覚を得ることにあります。写真を見るだけなら、現地に行かなくてもできますが、それでは得られないものがあるから、感じるから、本物を生《なま》で見に行くわけです。
現代人は、このような感覚に対して鈍感になっています。だからこそ、ピーク感覚を養う練習が必要なのです。

●「一瞬」を逃している私たち

何気ない日常のなかに、永遠となるような一瞬を見つけることのプロが、詩人や俳人です。与謝蕪村《よさぶそん》の句には、日常から一瞬を切り取ったものが多くあります。

春の海　ひねもすのたり　のたりかな　（与謝蕪村）

春の海は一日中のんびりと寄せては返している。あたりまえの日常の光景ですが、ただただ繰り返す波が、いつしか永遠に続いていくような印象を覚えます。同じ春というテーマでは、次の歌も思い起こされます。

この里に　手鞠《てまり》つきつつ　子どもらと　遊ぶ春日は　暮れずともよし　（良寛《りょうかん》）

良寛はよく子どもにせがまれて夕暮れまで遊んでいたそうですが、この歌は良寛の視点でありながら、「暮れずともよし」とは、子どもたちの感覚でもあるような気がします。

私は小学生の頃、友だちと校庭で遊びながら、夕暮れや五時のチャイムがいつまでも来なければいいのにと思っていました。楽しい時間は一瞬のように感じられるとよく言いますが、それと同時に、いつまでも続くような感覚もあるのです。

夕暮れ時を歌ったものは多くあり、童謡「しゃぼん玉」などでも知られる野口雨情《のぐちうじょう》による「あの町この町」の歌詞にも、「あの町この町　日が暮れる　今きたこの道　かえりゃんせ」とあります。

フランスの詩人アルチュール・ランボーも次のように書いています。

また見つかった、
何が、永遠が、

海と溶《と》け合う太陽が。

（ランボオ作、小林秀雄《こばやしひでお》訳『地獄の季節』岩波文庫）

「海と溶け合う太陽」とは、夕暮れのことでしょう。その瞬間に、やはりランボーは永遠を見つけているのです。

これだけピーク体験に近いものを感じていた夕暮れを、大人になった今、みなさんは毎日気にしているでしょうか？　蛍光灯の社内にいて、気づいたら夜になっていることのほうが多くはないでしょうか。

私たち大人は、毎日夕暮れの一瞬を取り逃がしているわけです。

●世界の見え方が変わる瞬間

つまり、芸術家の感性で感じられるような一瞬を感じ取ることこそ、私たちの人生を豊かにするために必要なものです。

たとえば、モネが描いた「睡蓮《すいれん》」を見ると、単に睡蓮の花と水面《みなも》が描かれているだけではなく、そこにきらめく光も同時に見えてきます。それによって「ああ、私たちが見ていたのはこういうものだったのか」と改めて気づくことができる。

これは、一瞬の光を、モネが永遠としてキャンバスに定着してくれたことにほかならない。同じ景色で同じものを見ていても、私たちには見えていることと、見えていないことがあるのです。

こうして、美術館でモネの「睡蓮」を見たあとに外に出ると、世の中にはこんなにも光が溢れていることに気づきます。単なる形としか見ていなかったものが、光の戯《たわむ》れであり、その一瞬だけのものであることに気づく。

同様に、ゴッホの「糸杉と星の見える道」を見たあとには、木々の葉の見え方が変わるでしょうし、「ひまわり」を見たあとには、花の見え方が変わるでしょう。このように、芸術とは、**人の心を奪うことでそれまでの固定観念を動かし、新たな見方を教えてくれる**ものなのです。それこそが、美の体験です。

もっとも、美の体験は、必ずしも狭い意味での「美しさ」にとどまりません。ムンクの「叫び」からは、美しさより不気味さや絶望を感じます。同じくムンクの「思春期」では、やせた少女がベッドに座っていますが、言い知れぬ不安を呼び起こします。

こうした負《ふ》の感情は、実際に体験すると永遠に続くかのように思われますが、それらは長い人生で見ればやはり一瞬のものです。そうした感情の強さを凝縮できるのもまた、芸術ならではの力です。

●情報では伝わらないもの

現代の私たちは、その一瞬をつかむ力が弱まっていると感じることがあります。その一つの例が、写真を撮ることです。携帯電話にカメラが搭載され、スマホとなって画質はデジタルカメラと遜色《そんしょく》のないものになりました。私たちは今、これまでにないほどたくさんの写真を撮っています。

では、そうして撮った写真は、永遠となりうるような一瞬を切り取ることができているか。

たとえば、タピオカドリンクを撮ってインスタグラムに写真をアップするのが悪いというわけではありません。共感を集めることは誰もが持つ欲求ですし、そうして撮ったものが、いつの日かなつかしく思い出されることもあるでしょう。ただ、「みんながやっているから私も」と思って撮影した行為には、気づきがありません。

　かつてフィルムしかなかった頃の写真は、今みたいに多くの枚数を撮れるものではありませんでした。すると、必然的に何を撮るか、どの瞬間を撮るかに意識が向かいます。そして、できるだけ心奪われる瞬間やいつまでも残しておきたいものを撮ろうとする。

　そのようにして撮った一瞬は、自分のなかに焼きついて離れなくなります。それは、他の人に向けて発表しなくても、自分の記憶のなかで永遠になるのです。

　言葉や絵、写真などは、そうした一瞬を切り取る技術なのです。高村光太郎《たかむらこうたろう》の詩「レモン哀歌」は、妻の智恵子《ちえこ》が亡くなる瞬間を描いたものです。

かなしく白くあかるい死の床で
わたしの手からとつた一つのレモンを
あなたのきれいな歯ががりりと噛《か》んだ
トパアズいろの香気《こうき》が立つ
その数滴の天のものなるレモンの汁は

ぱっとあなたの意識を正常にした
（高村光太郎『智恵子抄』新潮文庫）

こうした瞬間を、私たちは忘れられません。高村光太郎の詩を読んだ私たちもまた、それによって愛する人の死の瞬間を想起《そうき》することができます。

これらの芸術作品は、ある意味で作者が記録した情報ではありますが、**現代の情報化社会で私たちが慣れ親しんだ「情報」とは、まったく異なる質のもの**であるような気がします。

最近は、コンサートに行っても、スマホで情報を検索している人がいます。そういう人を見ると、思わず「なぜ目の前で起こっているライブを味わわないんだ！」と言いたくなります。その歌のタイトルがわかることよりも、今ここで演奏されている音を聴くことのほうがよほど大切です。

井上陽水《いのうえようすい》さんが、かつて次のような趣旨の発言をしていたことを記憶しています。ボブ・ディランはライブで同じ歌を何百回、何千回と歌っているはずなのに、あれだけ思い入れを込めて、新鮮に聞こえるように歌えるのはすごい、と。

私は陽水さんのライブも同じだと思いますし、優れたアーティストはそのように演奏したり、歌ったりしていると感じます。同じ曲でも、その時の場所やお客さんの状態、アーティスト自身の状況など、その場の一回きりのものとして表現できる。

だからこそ、ＣＤやiTunesなどの音源で聴くだけではなく、ライブに行くことの意味があります。

演劇もそうです。最前列の席でも取らない限り、演者の表情やしぐさはテレビドラマや映画のほうが見やすいでしょう。けれども、舞台で生身《なまみ》の身体が動き、声が発せられるのを見たり聴いたりすると、そこには映像では伝わらない何かを確かに感じることができるのです。

●自己肯定感を高める

このような、一瞬をつかむ力を得ると、どのような効果があるのでしょうか？

私は、それが自己肯定感を高めることにつながると考えています。自己肯定感を言葉通りに受け取れば、自分で自分を肯定すること、つまり自分はできる、自分はすごいと感じることです。そして、それを育《はぐく》むには他者から認められる、特に親などから無条件に認められることが大切であると言われたりします。

確かにその通りなのですが、それらは与えられた生育条件や社会的条件に大きく左右されます。また、客観的評価を無視して自分で自分を認めることは、自分を甘やかすことにつながりますし、他者に認められることを望むのは、依存関係になりかねません。

実は、自己肯定感をちょうどよく高めるのは難しいのです。

そこで私は、必ずしも自分が何をできるか、どう評価されているかにこだわるのではなく、**自分が今いる世界で起こっていることを含めて、自分を肯定すればいい**と考えています。

これまで説明してきたように、「この一瞬はすばらしい。永遠にあってほしい」と思えるような瞬間が見つかれば、その一瞬に立ち会っている自分も含めて肯定することができる。

逆に、一瞬をつかむ力がないままに人生を生きていると、世の中の動きと自分を切り離して考えるようになっていく。すると、世界とは関係のない自分を、単体で認めなければならず、それは相当の自信家でもなければ難しいでしょう。
だからこそ、世の中の一瞬をつかむ目を養うことで、自分を肯定する道を拓《ひら》くことができるのです。マズローは、次のように書いています。

自己実現者は、人生の基本的なものごとについて、それが他の人々にとってはどんなに新鮮味がなくなり陳腐《ちんぷ》になろうとも、何度も何度も新鮮に、純真に、畏敬や喜び、驚きや恍惚感さえもって認識したり味わったりすることができるという驚くべき能力……をもっている。
（マズロー『人間性の心理学』）

人はよく、仕事も家庭も毎日が単調な繰り返しのように感じられると言います。しかし、マズローの言う自己実現をしている人たちにとっては、その日常のなかに喜びを感じることができるのです。

●才能や能力以外の評価

昨今、**自己肯定感が低いと感じる人が多いことの理由の一つが、才能や能力で世の中を見てしまいがちなこと**です。しかし、私はそのような能力によって左右される部分は、ごく一部のことでしかないと思います。

雑誌などを見ていると、キャリアアップをして年収を上げるために何をすべきかという特集をよく見かけます。また、ビジネス書ではそうしたスキルアップの方法を、手を替え品を替え提供しています。

能力が上がり、それによって給料が上がることは望ましいことです。ただ、本当に大切なのは、その先です。自分の能力を使って何ができるのか、収入を使って何をするのか。

たとえば、あなたが資産家の家庭に生まれ、一〇億円の親の遺産が入ったとしましょう。もう、生活のために働く必要はありません。そうした時、あなたは何もしないで暮らすでしょうか?

しばらくはそれでもいいかもしれませんが、早晩、多くの人が「何か」をしたくなるでしょう。アメリカの心理学者ミハイ・チクセントミハイ(一九三四年〜)は、次のように書いています。

人間のコンディションについての興味深い矛盾点《むじゅんてん》の一つは、成人の約八〇パーセントはそれ以上稼ぐ心配の必要がないほど十分なお金をもっていたとしても働くことをやめないだろうと断定している意識調査と、その結果が出ているにもかかわらず、大多数の人は毎日、早く仕事から解放されて一刻も早く家に帰りたいと思っていることである。

（チクセントミハイ『フロー体験とグッドビジネス』）

では、その時の「何か」とはなんでしょうか。

もう他人と能力で比べて、高い収入を得る必要もないので、能力を問われることはありません。また、人からよく見られるために「いい会社」に行く必要もない。

かつてヨーロッパの貴族は、働く必要がありませんでした。彼らのなかには学者になる人が多くいました。それはお金のために競争する必要がないからこそ、この世界を深く味わおうという欲求が目覚めたからだと思うのです。

いっぽう、職業までもコストパフォーマンスで選ぶ場合、それが自己肯定感の欠如につながっているのではないか。

私は教育学者として教職課程でも教えていますが、職業としての教師の人気が落ちていることを痛感しています。ある県では、小学校教師の採用倍率が二倍を切ったそうです。教師が激務であることや学校の不祥事が報道されたのも影響しているとは思いますが、それにしても人気がない。その理由としてよく聞くのが、同じ大変なら、そのぶん給与の高い職種のほうがよいという、コストパフォーマンスに着目した考え方です。

同じ労力なら収入の良いほうを選ぶということを非難しているのではありません。職業選択において、仕事を「労働」に還元してしまって、何をするか、仕事を通してどのような人生を送るのか、という目的が抜けてしまっていることが問題だと思います。

小学校教師は確かに大変です。大学などと違い、ただ学問を教えればいいわけではなく、生活に踏み込まなければならないこともあるでしょう。しかし、それはソクラテスが言うところの「魂《たましい》の世話をする」こと。ここから得られる喜びは非常に大きなものであり、教師は子どもたちと直接触れ合うなかで祝祭的な喜びを味わえる、稀有《けう》な職業だと思います。

しかも、公立学校の教師は公務員ですから、給与面でも安定しています。その安心感のもと、大変さはあっても大きな喜びを感じられる。私は、教師は自己肯定感を高めることができる職業であり、そうした若者が教師を目指してくれるよう、学校の職場環境を改善していかなければならないと考えています。

人は皆、自己肯定感を高められるような仕事をすることで、人生を豊かにできます。では、どうしたら、そのような「天職」に就《つ》くことができるのか。「天職」とは呼べなくても、自己肯定感を高め、日々の生活を豊かにする職業を選ぶことができるのか。次章では、その方法を考えていくことにしましょう。

第2章

自己実現のための「ピーク体験」

●欲求五段階説

仕事において自己実現をするためには、自己肯定感を高めることが大切です。この自己肯定感を考える時、マズローの「欲求階層説（欲求五段階説）」が参考になります。

これは、人間の本質的な欲求を五段階に分け、人間の欲求は低次の欲求から高次の欲求に向かっていくとするものです。五段階は低次から順に**生理的欲求、安全の欲求、所属と愛の欲求、承認の欲求、自己実現の欲求**となります（図1）。

一番目の生理的欲求とは、食べることや寝ることなど生きていくうえで必要な最低限の欲求です。今の日本で、これが満たされていない人は限られていると思います。

二番目が、身の安全や自由への欲求です。つまり、社会的混乱などがなく、平穏な日常生活が送れることです。

三番目が、所属と愛の欲求で、これは簡単に言えば、孤独を感じないでいられることです。私たちは自己紹介をする時、「明治大学の齋藤です」などと所属を頭につけることが圧倒的に多いですね。これには相手へのわかりやすさもありますが、私たち自身が自分のアイデンティティと所属先がつながっているという感覚があるからだと思います。

図1　マズローの欲求五段階説

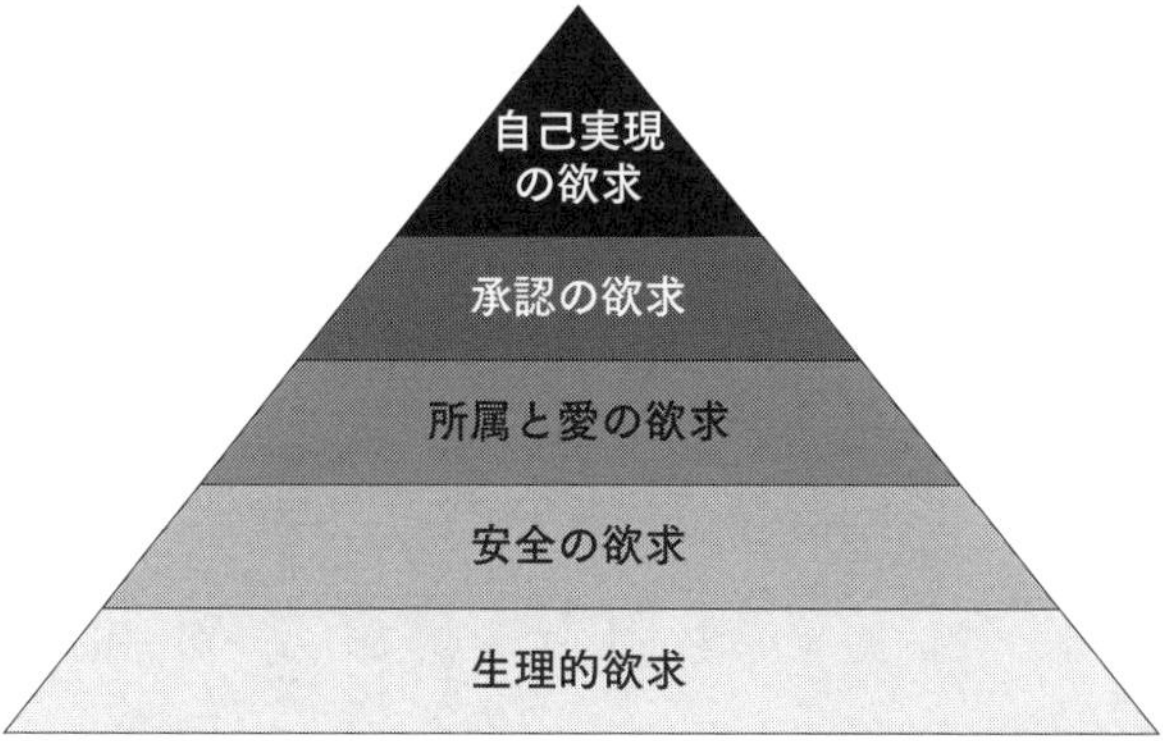

人間の本質は、低次の欲求から高次の欲求に向かっていく

所属先は家族、学校、会社などになるでしょうが、自分がその一員として認められ、愛されているという感覚が自己肯定感を高めてくれる感覚は、よくわかります。

逆に、大学受験に失敗して浪人をしていたり、途中で部活を辞めてしまったり、会社を辞めて就職活動をしていたりといった期間に、孤独や不安を感じてしまう人は多いでしょう。何を隠そう、私も三〇歳を過ぎて無職でしたから、その感覚はよくわかります。

四番目が、承認の欲求です。尊厳とも言い換えられますが、これが先にお話ししたように、自分で自分を認め、他者からも認められるということです。

これは、なかなかバランスが難しい。中島敦《なかじまあつし》の小説『山月記』は主人公の李徴《りちょう》が虎になってしまう話ですが、その理由として李徴自身が振り返るのが自尊心です。詩作の才がなかったわけではない李徴ですが、師に習ったり友人たちと切磋琢磨《せっさたくま》したりすることを避け、「臆病な自尊心」が肥大化したことが原因だというのです。

尊敬されたい欲求というのは誰にでもあります。ただ、それが膨《ふく》らみすぎると満たされる可能性も少なくなってしまいます。

いっぽう、こうした欲求が満たされるためには、必ずしも自分が「すごい」必要はないように思います。たとえば、会社や町内会で、別にすごい成果を出しているわけではなくとも尊敬を集めている人がいます。そうした人に共通するのは、自分というものに過度にこだわりすぎないことです。そのことで、自分の存在が消え、多くの人に愛されるようになるのです。

●自己実現の欲求を満たすには

このように、マズローの「欲求階層説」は段階的に進み、最上位の五番目が自己実現の欲求です。一口に言えば、「自分自身の本性《ほんせい》に忠実」であることへの欲求です。

自分自身、最高に平穏であろうとするなら、音楽家は音楽をつくり、美術家は絵を描き、詩人は詩を書いていなければならない。

（マズロー『人間性の心理学』）

五段階の順番は必ずしも固定されたものではなく、多少の入れ替わりもありますが、基本的には低次の欲求が優先されます。ディフェンスを固めることができれば、安心して攻撃に移ることができる、といったイメージです。

マズローは、人は低次の欲求が満たされることで、より高次の欲求へと向かうと言います。しかし、これらは完全に分断、独立したものではありません。マズローは次のように述べます。

これら五つの欲求は、一つの欲求が満たされると次の欲求が現れるというような関係であるかのような印象を与えたかもしれない。これは、一つの欲求は、次の欲求

が現れる前に一〇〇％満たされなければならないかのような誤った印象を与えることになる恐れがある。（前右）

つまり、低次の欲求が完全に満たされて、はじめて次の欲求が現れるわけではなく、低いほうから順に徐々に満たされていくというわけです。

マズローは、低次と高次の欲求の差について述べていますが、次のようなものがあります（傍点は原文ママ）。

欲求は高次なほど、満足することに対する緊急性は低くなり、その満足をより長く延期でき、また永久に消失しやすい。（前右）

高次の欲求は、満たすことは難しいというより、とりあえずはなくても大丈夫なものという性質を持っています。たとえば、とりあえず明日提出しなければいけない宿題や仕事をしてしまって、本当に自分のやりたいことやスキルアップが後回しになってしまう。お

図2 「安全」と「成長」

危険を高める		誘引力を高める
安　全 ←	〈人〉	→ **成　長**
誘引力を最小限にする		危険を最小限にする

「安全」と「成長」のベクトルは反対を向いているため、バランスを取ることが求められる
（マズロー『完全なる人間』より）

そらくほとんどの人が、日々そのように感じているでしょう。

●「安全」と「成長」のバランス

マズローの理論では、人は自然と成長を求めるものでした。しかし、彼は同時に次のように問います。

では、なぜ人にとって成長することは難しく、つらいことなのだろうか、と。

この問いに対して、マズローは「安全」と「成長」という概念を出します（図2）。**人は皆、安全と成長という二つの力を持っており、そのベクトル（力の方向）は逆を向いている**というのです。つまり、二つは対立している。

たとえば、安全が満たされていないとそちらにエネルギーを使うために、チャレンジすることができなくなる。チャレンジできないということは、新しい自分に出会える挑戦をしなくなってし

まうということで、成長が止まってしまう。

この二項対立を乗り越えることが、自己実現の難しさの一つであり、マズローは次のように論理的な解決策を提示しています。

成長に対する魅力を高め、その恐れを最小限にすること。そして、安全を魅力のないものとして、現状維持や退行への恐れを最大限にする。

ただ、それは実際には簡単ではありません。しかし、自分の状況を整理するのには役立ちます。

新しい成長の機会へ足を踏み出すことにビビり、躊躇《ちゅうちょ》してしまうことがあります。それでは、自己実現はできません。だからといって、何がなんでも新しいこと、たとえば会社を辞めて起業を目指さなければいけないかと言えば、そうとも言えません。失敗した挙《あ》げ句《く》に、以前よりも自己肯定感が弱くなる可能性もあるからです。

安全性を確保しつつのチャレンジなのか、人生の勝負どころで大きくチャレンジをするのか、自分の置かれた状況を鑑《かんが》みながら決めることが大切です。

私の友人に、自分のお店を持ちたいという夢を持っていた人がいました。結局、彼は会社を辞めて居酒屋でアルバイトをして経営を学び、ついに開店にこぎ着けました。

彼などは、自分がリスクを負ってチャレンジしていることをきちんと認識していました。だからこそ、居酒屋で若い人から顎《あご》で使われても、耐えることができたのです。

このように、自分の状況をマズローにならって、安全と成長の配分として考えてみてください。自分が成長することができていないなと感じた時に、それがチャレンジに対して臆病になっているのか、それとも安全の感覚が足りていないのかで、対処法は変わってくるはずです。

●日本人に多い「ヨナ・コンプレックス」

おおむね、日本人はこのチャレンジ精神を持ちづらいように思います。というのも、それを育てるような教育を受けていないからです。たとえば、最近の学生は授業をサボることも少なく、大変まじめなのですが、チャレンジする勇気にやや欠けるように感じることもあります。

マズローはこれを「ヨナ・コンプレックス」と呼びました。

ヨナとは、『旧約聖書』に出てくる預言者のこと。彼は、神から敵国に行って預言を伝えるよう命令されるのですが、自分には無理だと思ってそれから逃げてしまいます。その結果、神はヨナに対して数々の試練を与えたのです。

人は、ヨナのように自分にはできないと思って、チャレンジから逃げてしまうことがあります。変わらずにいれば安心だからです。思い当たる節《ふし》のある人も多いのではないでしょうか。これでは、成長の機会は訪れません。

『論語《ろんご》』には、「自分には力が足りないから先生の教えを実践できない」と言った弟子に対して、孔子《こうし》が「今女《なんじ》は画《かぎ》れり」と言ったと記されています。自分で自分の能力を見限ってしまっていると諭《さと》したのです。

私は大学の授業などで、成長へのチャレンジというものの喜びを身体に刻《きざ》み込むことを大きなテーマにしています。たとえば、それぞれの人が学んだ専門知識をショートコントにしてもらうということを課題として出します。

みんな最初はものすごく嫌がるのですが、終わると、ほとんどが「やってよかった」と言ってくれます。さまざまな学生がいて、お笑い芸人さんのようにコンビで行なったり、歌を歌ったり、ドラえもんのメイクをして授業をしたりする人もいました。

最初は恥ずかしかったりしますが、一度やってしまえば突き抜けて、怖いものがなくなります。この**突き抜け感覚を一回経験すると、そうでなかった頃の自分に対して、なんであんなにモジモジしていたのだろうと感じられる**ようになります。

学生たちに、授業のなかで次年度に何を残すべきかを尋ねると、大多数がこのコントの授業を挙げます。

「君たちは、最初は『嫌だ』と言っていたのに、その嫌なものを人にやらせたいの？」と聞くと、「これをやったおかげで一皮剝《む》けて、それ以来ビビったり恥ずかしがったりすることがなくなった」と言います。そして、次の年にはじめて私の授業を取った学生がモジモジしていると、「先生、モジモジ君がいるから、あの授業をやったほうがいいですね」なんて言ってきたりします。

このように、強制的であっても一度やってみることが、人生において重要です。必ずしも成功しなくても、やったという事実が自己肯定感につながります。あるいは、自分がこれまで経験しなかったことをすることで、その楽しさを発見することもあります。

英語教師を目指す人には、英語の歌を歌ってもらいます。最初は嫌がっている学生が歌い出すとノリノリになったり、ラップをやったりして、来週もやりたいとなる。

人を楽しませるということ、英語の発音、歌を歌うこと……楽しみを見出す部分は人それぞれでしょうが、その楽しみが癖《くせ》になって、もう一度やりたいと感じられるわけです。このように、新しい楽しみを見つけることが、チャレンジの効果です。

●通過儀礼としての「チャレンジ」

この「チャレンジ」は、昔で言うところのイニシエーション、すなわち通過儀礼のようなものです。今は遊園地などにもあるバンジージャンプは、もともと成人になるための通過儀礼でした。

通過儀礼とは、フランスの文化人類学者ファン・ヘネップが述べた概念で、子どもから大人になるために、たとえば火の海を歩くなどといった、苦しみや恐怖などを経験する風習です。それを経験することではじめて、その共同体から成人として認められるわけです。

スペインのアルタミラ洞窟の壁画も、そうした通過儀礼に使用された可能性があるそうです。当時、洞穴は真っ暗ですから、子どもがそのなかを歩いていくことは恐怖に違いありません。そうした恐怖のなかで、絵を通して狩猟を学び、大人たちと共に狩りに出られるようになるのです。

かつては、このような通過儀礼を経て大人の仲間入りをすることがあたりまえでした。日本にも元服《げんぷく》という儀式があり、髷《まげ》を結《ゆ》ったり、名前を変えたりして大人の仲間入りをしたわけですが、現代は、このような通過儀礼はあまり意識されなくなってしまいました。

日本では二〇歳（二〇二二年四月一日からは一八歳）になれば、法的に成人になりますし、成人式を行なう自治体もあります。しかし、それは身体に刻み込まれるようなものではありません。当然ですが、成人式で暴れることは通過儀礼とは呼べません。

苦難を乗り越えることは、神話における英雄の条件でもあります。たとえば、ギリシア神話のオデッセイは、旅のなかで数々の苦難を乗り越えた末に帰還します。困難を克服《こくふく》して、元の場所に戻ってくる。つまり成長的循環です。

負荷や苦難に対して、それを突き抜けた時に爆発的な喜びが起こり、自分という存在が以前とは別のものになる。それが成長なのです。

マズローは、教育においても「自己実現」が最終的な目標であるとしています。それを助けるのが、教育者の役割です。そこで必要とされるものは、子どもの安全や所属、愛情などの欲求を満足させること、そして、学問の持つ美に気づかせることだと言います。

通過儀礼は、子どもたちを本当の危険にさらすわけではありません。共同体のなかに受け入れられるという安全を確保しながら、大人になるためのチャレンジを促《うなが》し、自分にとって本当に必要なものは何かを気づかせてくれるものです。

現代の教育や社会がその機能に欠けるとすれば、成長のためにこうした循環を自分で用意するということが、一つの方法となります。

たとえば、**すべきことを前もって周囲に宣言したり、他人に言わなくても自分の目標を明確化したりする**。それを達成することで、自らを肯定できるようになり、自己実現への道筋が見えてきます。

もちろん、自分の実力ではまったく達成できないような目標ではいけません。自分が達成できそうなギリギリのところで設定する。これは難しく、そして怖いことで、多くの人はあとで言い訳できるように、高すぎる目標を設定してしまうことがありますが、それでは意味がありません。

●お金をもらえなくても、やりたいか

自己肯定感が高まると、仕事のうえでも自己実現に近づいていきます。そして、仕事で自己実現できているかの判断基準の一つは、お金がもらえなくても、やりたいかだと思います。

お笑い芸人さんのほとんどは、デビューしてからそれなりに稼げるようになるまで、相当な時間がかかります。その間は、アルバイトをしながら食いつないでいる人も多い。けれども、話を聞くと、舞台でお客さんに受けた時の喜びが大きいので、それが忘れられないと言います。

だから、（もちろん売れることを目指しているわけですが）現状は給料をもらえなくても、あるいは少なくても、その喜びのために芸をするし、いったん売れてブームが去ったとしてもやめられない。舞台に立つことそのものが、喜びなのです。

スポーツ選手でも、全盛期を過ぎて年俸が落ちても、可能な限りプレーしたい、なんならプロ野球から独立リーグに移っても現役でいたい、と言う人がいます。こうした人はお金ではなく、プレーすること自体に価値を見出している。

もちろん、自分がこれだけの価値を生み出せるのだから、それ相応の対価をもらわないかぎりやらないという考え方もありますし、評価されなければ、しがみつかず潔《いさぎよ》く一線を退《しりぞ》くという考え方もあるでしょう。それは否定しません。

ただ、**お金のために魂を殺してしまうような仕事は苦しい**のです。この一分をやり過ごせば終業時間だ、と思いながら毎日働くのはストレスが溜《た》まります。いっぽう、**お金などいらないからやらせてほしい、という気持ちは無敵**ではないでしょうか。そういう人は、かなりの程度、自己実現に近づいていると言えます。

誤解しないでいただきたいのですが、これは滅私奉公をせよということでも、いわゆる「やりがい搾取《さくしゅ》」に甘んじよということでもありません。また、誰もが好きなことを仕事にできるわけではないでしょうし、仕事は大変なこともありますから、すべてを「やりたいこと」にするのは難しいと思います。

そこで必要なのが、これまでお話ししてきた「ピーク」となる一瞬を見つける能力です。仕事のなかで自分が喜び、ピークに近づける一瞬をどこかに見出す。そうすれば、つらいこともまた、その一瞬のためにあると思えるはずです。

●飢餓感が生み出す力

分子生物学者の村上和雄《むらかみかずお》先生は「遺伝子がスイッチオンになる」ことを発見しました。動物も人間も、遺伝子はあらかじめすべてが活性化しているのではなく、眠っている状態のものがあるそうです。

一九九六年、イギリスで世界初となる、哺乳類のクローン動物が誕生しました。それがクローン羊のドリーです。ドリーを生み出すにあたり、遺伝子をコピーするためにはその遺伝子のスイッチがオンの状態になっている必要があるのですが、遺伝子をオンにする方法は当時まだ確立されていませんでした。

電気ショックを与えるなどでもだめだったのですが、その細胞を飢餓《きが》状態にすると遺伝子がオンになることがわかりました。つまり、その遺伝子はもともと力を発揮していたわけではなく、ある状態に置かれたことで能力を発揮した。比喩的に言えば「気づく」ことができた。こうした「飢餓感」は、人間にとっても重要です。

東京オリンピックは二〇二一年に延期されましたが、一九六四年の前回開催時と比較されることがあります。戦後の焼け野原から、短期間で高速道路や新幹線を整備し復興を遂げた道のりはすばらしいものですが、ある意味で、それも「飢餓感」が支えたのではないでしょうか。

あの時代の爆発的なエネルギーは、私たち戦後生まれの人間が経験することのできないものでしょう。

もちろん戦争は悲劇しか生みませんから、それがもう一度あるとよいという意味ではありません。ただ、**ある種の飢餓（物理的な意味でも、精神的な意味でも）が生み出すパワーと、それを培《つちか》う鍛錬は必要**だと思います。

私の専門の教育の観点から述べると、戦後の復興期を支えた人たちが受けた教育は、戦前のものです。軍国主義的な教育が誤りであったことは議論の余地がありませんが、それによって、それまでの教育のすべてが否定されてしまうのも違うだろう、と私は考えています。

同じように、江戸時代の教育は前近代的なものと思われがちですが、明治維新を成し遂げた志士たちが受けた教育は、江戸時代のものでした。彼らは鍛錬によって、飢餓に負けない力強さを身につけていたのだと考えられます。

●執着心とやわらかさ

このようなことを言うと、根性論のようで、時代遅れだと思われるかもしれません。しかし、今でも、どの分野でも一流の人を見ると、根性がない人はいないように思います。

一流の人は、喜んで仕事をしていると同時に、逆境に耐える根性を持ち合わせています。むしろ、楽しんでやっている間に、知らないうちに根性がついているというほうが正しいかもしれません。

私は今でも思い出すのですが、大学に入って衝撃を受けたのは、周囲に勉強が苦にならない人たちが多かったことです。私自身は運動のほうが好きでしたし、当時は必ずしも勉強したかったわけではなく、むしろ苦痛なくらいでした。しかし、同級生のなかには、まさに呼吸をするように勉強する人たちがいました。そうした能力は社会に出てからも変わらず、あらゆる資格試験や課題をクリアしていきます。

一流のビジネスパーソンは、多かれ少なかれ同じような要素を持っています。長時間、勉強したり働いたりすることが技化《わざか》してしまって、本人はがんばっているつもりがなく、できてしまう。

これは、意に沿わず長時間働かされることや、いわゆるブラック企業で起きていることとはまったく異なります。

リチウムイオン電池の開発で二〇一九年のノーベル化学賞を受賞した吉野彰《よしのあきら》さんは、研究を成功させるために何が必要かと問われて、「執着心とやわらかさ」と答えています。

壁にぶち当たった時に、すぐあきらめてしまうのではなく、そこに執着することは成功するためには必要です。これは一種の根性です。吉野さん自身も、リチウムイオンの技術を生み出すために、相当な実験を繰り返したそうです。

ただ、その根性は頑《かたく》なものであってはいけません。壁の前で立ちつくして思い詰めてしまっては、見える物も見えなくなってしまう。そういう時に、すこし楽観的というか能天気な感じで、余裕を持つ力が必要です。それが吉野さんの言う「やわらかさ」なのです。

吉野さんはこの「剛《ごう》と柔《じゅう》」、二つのバランスが必要で、ご自身は両方を持っていたと分析されています。「やわらかな根性」とでも言うべきものが、ノーベル賞につながる発見には必要だったのです。

●日常に「ユーレカ！」を

こうした根性と余裕のバランスが取れていると、日常においても「ピーク」に近い一瞬を経験しやすくなります。

古代ギリシアの科学者アルキメデスは、王から命じられ、王冠に金《きん》以外の鉱物が混じっているか否《いな》かを見分ける方法を考えていました。ずっと解けなかったのですが、ある日お風呂に入った時にひらめいて「Eureka!（ユーレカ＝見つけたぞ！）」と叫び、裸のまま街を走り回ったそうです。

ちなみに、これは金を水のなかに入れることで体積を見極める方法です。

お風呂に入ることは、現代の私たちも使える良い方法です。机の前で根《こん》を詰《つ》めていてもなかなかいいアイデアが浮かびません。それで、お風呂に入ったり、散歩をしたりすると、ふとした瞬間に「これだ！」と、良い考えが浮かぶことがあります。

何も、ずっとそのことを考えながら湯船につかっているわけでも、歩いているわけでもありません。でも、ある程度考えたうえで、ふっと力を抜いた瞬間を入れることで、それまでの蓄積がアウトプットとなって表れるのでしょう。

勉強や仕事でも、こうした「ユーレカ！」の瞬間をもっと持つべきだと思います。私は**「すごいよ！」と思える瞬間を発見する**という形で、授業において実践しています。

たとえば、DNAの塩基《えんき》のらせん構造があります。アデニン（A）、チミン（T）、グアニン（G）、シトシン（C）というたった四つの塩基の並びだけで、この複雑な人間の身体が構成されていると考えると、これはすごいことです。

私は学生時代、このらせん構造の模型を作る授業を受けたことがあるのですが、四種類の塩基の配列だけで顔や背の高さが決まるという不思議さを体感することができました。

当時はまだできませんでしたが、今となってはその配列を人為的に入れ替えることもできるわけです。これも、あの模型を思い起こせば「なるほど」と思えます。こうした体感は今でも忘れることができません。

マズローは、作家オルダス・ハクスリーが自身の才能を最大限活《い》かすことができた秘訣について、次のように評しています。

彼の秘訣は、常に好奇心を失わず、ものごとに秘められた面白さや魅力を感じ取ることであった。少年のように目を輝かせながら、絶えず「これはすごい。これはすごい」と感嘆の声を上げていた。彼はまず、曇《くも》りのない目と純粋な気持ちで、驚きつつ、うっとりと世界を眺め——これはどんな些細《ささい》なことでも受け入れるということであり、謙虚さの表れでもある——それから穏やかに、そして怖れることなく、自ら定めた大事業に着手するのである。

（マズロー『完全なる経営』）

これこそ、「一瞬」をつかむ生き方です。

●創造性は、特別な人だけのものではない

ともすると私たちは、自己実現をしているのは作家、画家、スポーツ選手、俳優、アーティスト、起業家などのように「自分の好きなこと」を職業としている人であると捉えがちです。

しかし、**自己実現は特別な能力を持った人しかできないわけではない**というのが、マズローの考え方です。

マズローは著書『完全なる人間』のなかで、主婦である女性の例を挙げています。彼女は高い教育を受けたわけでもなく、特別な能力の持ち主でもない。どこにでもいる主婦であり、一般的な意味で、創造的なことは何もしていないように見えます。

しかし、家事に追われているだけに見える彼女はすばらしい料理人であり、良き妻であり、かけがえのない母親であり、家のこと一切をとりしきる「創造的」な人であると「呼ばざるを得なかった」（傍点は原文ママ）。

ここで指摘されるのが、「自己実現の創造性」と「特別な才能の創造性」の違いです。

「特別な才能の創造性」とは、私たちが「創造性」という言葉で思い浮かべがちな、作家

や詩人など芸術家の創造性のことです。けれども、凡百《ぼんぴやく》の詩人の創造性よりも、市井《しせい》の主婦の創造性のほうが、本当の意味で創造的だというわけです。

創造性、すなわちクリエイティビティについては第4章でくわしく述べますが、創造するとは、単にそれまでにない新しさを生み出すことだけではありません。もしそうであれば、人生はただ新規性に追われるだけの競争のようなものになってしまいます。そのような生活が創造的だとして、はたしてそれは幸せでしょうか?

それに対して、自己実現をしている人は見せかけだけの新規性を追い求めたりはしません。むしろ、人生において毎日繰り返される生活のなかで起こる出来事、普通なら飽きてしまったり、気にも留《と》めなくなかったりするようなことに対して、何度でも新鮮な驚きを感じられるのです。

よく言われることですが、人間の知性は言葉によるカテゴリー化であり、「慣れ」に近いものです。日々の行動をすべて一《いち》から考えていたら、大変です。だから、人間は慣れることで、日常のさまざまな動作を「考えず」にできるようにしているのです。

しかし、この「慣れ」は、驚きや喜びの欠如につながります。家族と毎日顔を合わせることはかけがえのないことですが、それを毎日感じる人は多くありません。けれども、たとえば不慮の事故で家族を失った時、その「ありがたさ」に改めて気づかされます。

自己実現をしている人は、こうした驚きや喜びを感じ続けられる人なのです。

もちろん、家族と顔を合わせるたびに、「ありがたい、ありがたい」と言い続けろということではありません。折に触れて、そういうことを感じられる心持ちでいる。そして、それを自然に感じられるということです。

「ピーク体験」は日常のふとした瞬間に訪れるものですが、「擬似ピーク体験」と呼ぶべきものもあるので、注意が必要です。

たとえば、お酒を飲んだ時など、自分がすごいことを思いついたと感じることはありませんか。しかし、酔いから醒《さ》めて見返してみると、なんのことはない大したアイデアではなかったということはよくあります。ピーク体験も同様で、無理な高揚感で得られるものではありません。

マズローは、自己実現している人とそうでない人の差は、「発展」しているか否かだと述べています。

普通の人は、自分に欠けている欲求があるから、それを満足させるために努力する。自己実現している人は、欠けているものがなくても、何かを目指して努力し続ける。この時の「何か」は、もはや自分のなかにあるものではありません。

自己実現者は、**「自分がやりたいと思う仕事」をしているのではなく、「自分がなさねばならない仕事」をしている**からです。それを、マズローは「課題中心的」という言葉で表現しています。

●ピーク体験は、人生の意味への答えとなる

人生の意味は何か。これは難しい問いです。また、自分はなんのために生きているのか。ほとんどの人が、ふとそのように考える瞬間を経験しているのではないでしょうか。

その答えとして、親や子どものためとか、自分の仕事が人の役に立つからなど、さまざまなことが考えられます。しかし、他の人が何かを人生の意味と感じられたところで、それが自分に当てはまるとは限りません。

そこで、私はピーク体験こそが、人生の意味の大きな要素と考えます。自分にとって至

高経験となる一瞬をつかみ損ねていると、人生の意味を感じられない。それでは、本末転倒です。

自己実現というと、夢を語って何かを目指すようなイメージが浮かびます。しかし、マズローは若い人に自己実現をしている人は稀《まれ》であると述べています。

大きな夢があらかじめあり、そこに向かって邁進《まいしん》することが自己実現だと思うのは大きなまちがいです。むしろ、遠くにある夢ではなく、今ここにある日常のなかに特別な一瞬を見出す。そのことが自己実現の本当の意味です。

巨大なサプライズでなくてもかまいません。日々の食事やお酒を飲むといったことでも、特別な一瞬を見出すことはできます。ただし、それは意外に難しい。前述のように、日常にあって大切だったことに、私たちは往々《おうおう》にして気づかないからです。

愛犬を亡くした人がいつもの散歩コースを歩いていると、隣《となり》に犬がいないことに気づき、自分が透明人間になったような気がすると言うのを聞いたことがあります。つまり、その人にとって、愛犬との毎日の散歩は至高とも言える一瞬だったわけです。

マズローによれば、人は自ら成長への欲求を持っています。「高次動機としての自己実現欲求」です。本来なら、人は自然とそれを目指し、創造的な人生を送ることができるはずです。しかし、とマズローは言います。

真の問題は「何が創造性を育むか」ではない。だれもが創造的とは限らないのは一体なぜなのか、ということだ。人間の可能性はどこで失われてしまったのか。なぜ、損なわれてしまったのだろうか。このように、有効な問いかけとは「ひとはなぜ創造するのか」ではなく、「ひとはなぜ創造し革新しようとしないのか」と問うことであろう。

（マズロー『完全なる経営』）

この問いに答えるべく、次章からは心理学者チクセントミハイの考えを見ながら、創造的な人生を送るにはどうすればいいかを考えてみましょう。

第3章

「フロー状態」に入る方法

●フロー体験

第1章の冒頭で、私がテニスをしている最中に流れるようにプレーできる瞬間を経験したことがあると述べました。こうした状況を、チクセントミハイは**「フロー（Flow）」**という言葉で表しています。

集中が焦点を結び、散漫さは消滅し、時の経過と自我の感覚を失う。その代わり、われわれは行動をコントロールできているという感覚を得《え》、世界に全面的に一体化していると感じる。われわれは、この体験の特別な状態を「フロー」と呼ぶことにした。

（チクセントミハイ『フロー体験入門』）

「フロー」とは「流れ」という意味で、自分が水の流れのなかにいるように感じることです。「世界と一体化している」、つまり周囲のテンポと合い、自分の力が十分に発揮できる状態になっており、集中できていて、かつ疲れも感じにくくなります。

宮沢賢治《みやざわけんじ》の詩「生徒諸君に寄せる」のなかに、次のような一節があります。

この四ケ年が
　わたくしにどんなに楽しかったか
わたくしは毎日を
　鳥のやうに教室でうたってくらした
誓《ちか》って云《い》ふが
　わたくしはこの仕事で
　疲れをおぼえたことはない

（『宮沢賢治全集 2』ちくま文庫）

フローは、体験してみると非常に気持ちのいいものです。自分がいつも以上になんでもできるような感覚で、実際にうまくいく。そしていつのまにか時間がたっていて集中力が途切れず、仕事でもスポーツでも成果が上がります。

このフローをよく身につけているのが職人さんです。手作業の段取りを日々繰り返すことで、自分の身体にしみついている。そして、作業はテンポ良く自然に流れていきます。

現代では、繰り返しの作業は「ルーティンワーク」として嫌われがちですが、繰り返しのなかには意識のバランスを整える、非常に高度な技が潜《ひそ》んでいる。それによって、日々の仕事が気持ち良くできるのです。チクセントミハイは、次のように述べています。

日本の文化は、対象への注意を集中する関わり方を達成するのに役立つ多くの活動を生み出してきた。剣道や弓道から禅の修行まで、また茶の礼法から今もなお生彩を放つ伝統的芸術に至るまで、日本人は、世界中の人々がそこから多くを学び、生活の質を高めてきた身体的精神的な注意集中の技法を発展させてきた。

(チクセントミハイ『フロー体験 喜びの現象学』)

フロー体験は、主に心理学から経営学の分野で受容されましたが、アメリカ発のまったく新しい概念というわけではなく、日本の文化が培ってきたものでもあります。例として出された武道や禅などでは、精神的な技法と身体的な技法がうまくミックスされ、どちらかいっぽうではなく共に発展してきました。そのことによって、頭と身体のバランスが取れ、流れるようにこなすことができるのです。

●フローをわかっていたタクシードライバー

このように説明すると、フローがとても難しいことのように、たとえば何かの道を究《きわ》めたうえでしか体験できないと思われるかもしれません。

しかし、そうではありません。私が以前、タクシーに乗った時のこと、本当に運転がうまくて、車線変更も流れるようにこなすドライバーがいました。

渋滞の多い東京において、車線変更は重要な技術です。どこの交差点を曲がるかをあらかじめ頭に入れて、信号などにひっかからないように車線を変えていく。私は自分がよく通る道はそれがわかっていますから、説明することもあるのですが、その方はこちらが言わなくても、ピタリと理想の車線を選んでいました。

降りる時に、その方に「すばらしい運転ですね」とお伝えしたら、次のように答えてくれました。

「お客さんにとって目的地に着くことはあたりまえで、プロのドライバーはどれだけ早く着くことができるかです。なぜタクシーを使うのかと言えば、多くの場合、急いでいるからでしょう。だから、できるだけ早く着くことを追求しています」

私は感動しました。早く着いたり、近道をしたりすることはそのぶん料金が安くなる＝タクシー会社やドライバーにとっては利益が減るわけです。それでも、職業倫理としてそれを追求している。

おそらく、彼は自分の仕事のなかでフローに入る感覚がわかっているのでしょう。車が流れるように進むことが、自分の最高の喜びである。そこで自分の力が発揮されているからです。

私たちは、スポーツやゲームに熱中している時、特に楽しんで夢中になっている時、しばしばフロー状態になっていることがあります。とはいえ、フローに入るために重要なのは、ただ遊んで楽しいということではありません。**より大切なのは、そこに「チャレンジ」があること**です。

人が行動する時、自分が余裕を持ってできることだけをしていては、あまり意識が働きません。意識が変わり始めるのは、その行動と自分の能力が拮抗《きっこう》してバランスが取れている、つまりできるギリギリのことを行なっている時なのです。

遊んでいて楽しいのは、自分が簡単にできることではありません。そこにすこしだけ難しさがあって、クリアした時にうれしいというのが、遊びの最大の楽しみです。

子どもは同じことを何度も繰り返しているように見えますが、よく見ていると、まったく同じではすぐに飽きてしまい、すこしずつ難しいことに挑戦していることがわかります。たとえば、跳び箱を四段跳《と》べる子が三段を跳んでもおもしろくありません。四段を跳べる子は、五段にチャレンジすることにおもしろみを感じるのです。

ただ、いくら難しいといっても、いきなり八段になったらおもしろさを感じられません。難しいだけで集中力が切れてしまいます。

自分が跳べる段より一段増やす。すると、「スキルとチャレンジのバランス」がギリギリかちょっと超えるくらいになります。最初はうまくいかなくても、がんばれば手が届きそう。この状態を繰り返していくうちに、集中して時間を忘れてしまうのです。

これは、大人になっても同じです。たとえば、バッティングセンターに行き、一〇〇キロの球が打てるのに、九〇キロを打っていてもつまらないでしょう。だから、よりスピードの速い一一〇キロ、一二〇キロに挑戦しようとするはずです。

●「チャレンジ」と「スキル」のバランス

チクセントミハイは、この「チャレンジ」と「スキル」のバランスによる感情の変化を図にまとめています（図3）。これは縦軸にチャレンジ、横軸にスキルを取り、それぞれの高低で起こる感情をプロットしたものですが、フローはチャレンジ、スキル共に高い状態で起きます。

図3を見て、みなさんは「コントロール（幸福、自信）」の状態がもっとも良いと思われるかもしれません。しかし、この状況下では能力を一〇〇パーセント発揮することはできていません。つまり、すこし余裕のある状態です。

これは一見良い状態のように思えますが、人は**自分の能力を発揮できていないと次第に飽きて、つまらなくなる**のです。

これは右下の「くつろぎ（自信、満足）」も同様で、隣の「退屈（憂鬱、満足）」と紙一《かみひと》重《え》なのです。

図3 「チャレンジ」と「スキル」

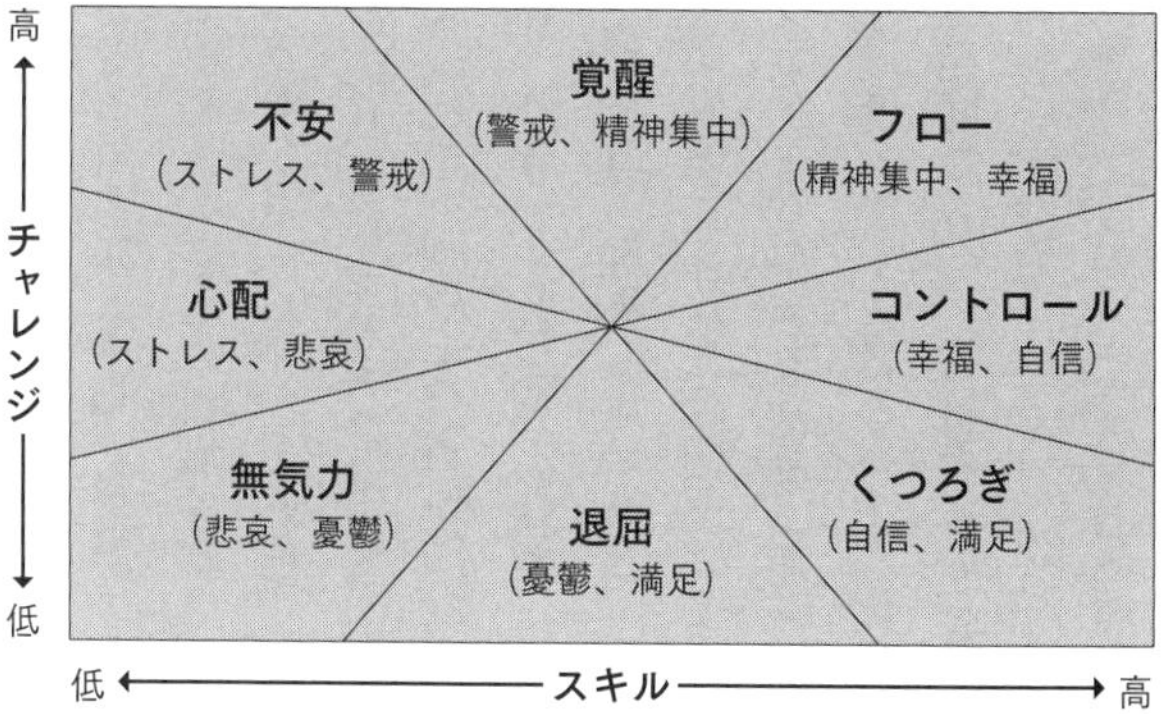

「チャレンジ」と「スキル」のバランスによる感情の変化を表したもの。フロー状態はチャレンジ、スキル共に高い時に感じる

（チクセントミハイ『フロー体験とグッドビジネス』より）

チクセントミハイは、フロー状態にある人は幸福で、精神集中をしている状態にあるとします。例として、詩人、運動選手、外科医、登山家などが自身の体験のピークにあるような状態であると述べています。

図3では、自分がある状態から別の状態に移るためには、何が必要かということも見て取ることができます。

たとえば、自分が「覚醒（警戒、精神集中）」の状態にあるとします。難しいチャレンジをして集中してはいますが、自分のスキルがチャレンジに対してすこし足りていないことも感じている。だから、必要なのは学習や訓練によってスキルを向上させることだとわかります。

「コントロール（幸福、自信）」も同じで、こちらはチャレンジが足りていないから、もうすこし難しいことに挑戦すべき、となります。

チクセントミハイによれば、この「覚醒（警戒、精神集中）」と「コントロール（幸福、自信）」状況にある人は、自分の足りていないところに気づいており、それぞれ、より高度なことを求めやすい傾向にあると述べています。

いっぽう、それ以外の状況にある人は、徐々に悪化していくものであると指摘している。つまり、油断していると、もっとも悪い、つまりチャレンジもスキルも低い「無気力（悲哀、憂鬱）」状態に陥ってしまうわけです。

フローは、好きな活動（趣味、仕事、性生活）をしている時に頻繁に体験しやすいものです。そして、人はフローを体験すると、精神的な成長をすることができる。すなわち、より高度なもの、複雑なものを求めるようになるのです。

●フローを感じるコツ

やや理論的な話になってしまったので、具体的な例で考えてみましょう。

私は、大人になってからチェロを習い始めました。多くの人が習っているピアノなどでも同様だと思いますが、下手なうちはいくら弾《ひ》いてもちっとも気持ち良くなりません。しかし、何度も練習してその動きが身体に身につくと、ある時、自分の手の動きと音楽が一体化したような気持ち良さを味わうことがあります。

しかし、いくら流れるように弾けるからといって、いつまでも簡単な曲を弾いていては、こうした一体感は得られません。実は**フローを感じるコツは、スキルとチャレンジのバランスにあります**。

すこし難しい曲を弾きこなせるようになると、その感覚をもう一度感じたくなって、先生などから言われなくても、より難しいことにチャレンジしたくなる。これが常にフローを感じ続けるための良い循環です。

フローを感じるのにも、センスの有無はあります。

私は、学生時代にテニスのコーチをしていたことがあるのですが、はじめてテニスをした子どものなかにも、「お、なんかできる！」とフローのような状態に入る子がいます。そういう子は非常にセンスが良く、その後の上達も早かった。

逆に、最初はセンスがあると思われた子が、そこからあまり伸びなかったこともありました。よく、「センスに甘んじた」などと言われますが、このような子は、チャレンジとスキルのバランスをまちがえたのだと考えられます。

むしろ、最初は不器用だったけれども、自分のスキルに見合ったチャレンジをし続けて、気づいたら誰よりも上手くなっていた子もいました。

ですから、**指導者の役割はスキルを教えることよりも、相手にとって必要なチャレンジが何かを見極めることにある**のかもしれません。そうすれば、自ずとスキルを身につけるよう行動するからです。

職人さんは、スキルを身につけることの達人です。五年、一〇年と同じ作業を続けるうちに、無意識のように手が動き、流れるように作業ができる。これは「習熟」と言い換えてもよいのですが、まさにフローの状態です。同じことを繰り返していて、チャレンジはあるのかと思うかもしれませんが、職人さんは常により良いものを作ろうという職業倫理を持っている方が多く、それがチャレンジとなっているのでしょう。

葛飾北斎《かつしかほくさい》は、自身のことを絵師ではなく「画工」と言いましたが、八〇歳を過ぎて、「天があと五年の寿命を与えてくれたら、ちゃんとした画工になれたのに」という言葉を残しています。

このように、フロー体験を得るためには、スキルとチャレンジという二つの側面から自分が今行なっていることをチェックしてみるとよいでしょう。

チャレンジはしているけれども、スキルが足りないのか。それとも、スキルはあるけれどもチャレンジが足りていないのか。そこから、自分の取るべき道が見えてくるはずです。

●喜びは、危機体験から生まれる

では、チャレンジは遊びなら気軽にできても、仕事ではそのような経験をしづらいのはなぜでしょうか？

その理由の一つは、仕事では失敗が許されないと感じてしまうからです。たとえば、バッティングセンターで空振りしても誰にも害はありませんが、仕事でミスをしたり、損失を出したりしたら、さまざまなところに迷惑をかけてしまいます。

これについては、やはり組織の力を借りるのがよいと思います。自分のスキルより上のことをするのだから、当然失敗は起こりうる。失敗がいけないのではなく、失敗した時のバックアップを用意していないことが問題なのです。ですから、失敗した時は職場の上司や先輩に助けてもらえるようにしておくことが大切です。

仕事において、失敗やその可能性はできるだけ避けるべきもののように思われます。しかし、チクセントミハイは『フロー体験とグッドビジネス』のなかで、まったく逆の事例を挙げています。

ある会社で、「あなたがここで働いている間に体験したことで一番よい体験は何ですか」と聞いたそうです。普通に考えれば、成功体験を答える人が多いように思われます。しかし、答えの多くは、「洪水《こうずい》が起こるから工場を守らないといけないとか、お客様が電話してきて、今まで合格したことのない規格をパスしないと注文をキャンセルすると言っている」など、「ある種の危機」についてでした。

こうした危機に対して、社員たちがどのように対応したかというと、自分の担当か否かに関係なく、皆がその危機について話し、考え、能力をフル稼働させていた。そして、次のように述べたそうです。

「みんなでよってたかってやって、そうしたら、とても出てきそうにないところから、一番いいアイデアが出てきたんです。仕事の制度からいえば、アイデアがあるとは思えない人たちからね。そのおかげで、ほんとうにすばらしい仕事ができたんですよ」

チクセントミハイは「フローについてこれより上手い表現をさがすのは難しい」とコメントしています。

つまり、**危機が起こるような難しいチャレンジにおいてこそ、フローは生まれる**。逆に言えば、フローを体験するには、失敗を恐れていてはいけないということです。

●仕事を遊びにする

もう一つ、私たちが陥りやすいのが、「時給感覚」です。これは、アルバイトなどで実際に時給賃金を得ている人に限りません。

一時、能力主義がもてはやされましたが、今でも日本企業の多くは、年功序列とそれにともなう賃金体系を維持しているところが多いようです。そこでは大きな失敗をせず、それなりにやっていれば、年齢に応じて役職が上がり給与も上がっていく。すると、仕事をすること＝その時間をやり過ごす、になってしまう。

自分のスキルを目一杯使うのではなく、できるだけ余裕を持って疲れない程度に働き、最低限のことをこなせばいい。このように考えるようになると、仕事において、自分の充実した時間を過ごすことが目的ではなくなります。そして、仕事自体もおもしろくなくなっていくのです。

逆に考えると、**仕事でフローを感じるには、仕事を遊びにしてしまうこと**です。

もちろん、仕事は遊びとは異なります。でも、たとえばスキルよりすこし上のスピードのボールを打つことに挑戦するように、難しい仕事に挑戦できれば、仕事そのものが楽しいと思えるものになり、フローを経験できるでしょう。

考えてみれば、スポーツはこれ以上ない真剣な遊びです。そして、そのスポーツを生業《なりわい》としているプロ選手たちは文字通り、遊びを仕事にしていると言えます。

すこしでも自分の技術を磨《みが》いて、強い相手に勝つためにチャレンジを繰り返す。そのことを目指すスポーツの試合は自分もフローに入れますし、周囲までも感動させる力があります。私たちは、どこかでこのようなフロー感覚を自分の人生で実現したいと思っているのではないでしょうか。

プロスポーツ選手でなくとも、世の中には、遊びを仕事にしているかのように生活をしている人がいます。実は、教師のなかにもそのような人がいます。どんなに大変でも子どもと触れ合うことを楽しみにして、それを生きがいだと感じている。そういう人が校長になり、定年後はボランティアで学校活動に携《たずさ》わったりします。お金がもらえるかどうかは関係ないわけです。

また、すでに年金をもらえる年齢の女性が畑に出たり、牛の世話をしたりしていることもあります。働かなくても年金で暮らしていけるのに、と周囲の人が言っても、その人にとっては働くことが楽しみであって、苦しいとは感じていないわけです。

このように見ていくと、私たちは、仕事と遊びの境界線を明確に分けすぎているのかもしれません。

チクセントミハイは、昔の思想家が「フロー」的なものについてどのように語っているかの例として、『荘子《そうじ》』に出てくる「遊《ゆう》」の概念を挙げています（『フロー体験 喜びの現象学』）。遊とは、道にしたがって生きることであり、外的な報酬のためではなく、内的（自発的）に何かをやり遂げることであるとしています。

『荘子』には、流れるような包丁さばきを見せる料理人の話が出てきます。その仕事ぶりに感激した王が褒《ほ》めたたえました。チクセントミハイは彼の仕事ぶりを「フロー」であると捉え、その言葉に着目します（前掲書）。彼いわく「感覚や知識は、働きを止め、心だけが自由に動」く状態でありながら、同時に「自分のしていることに目を据《す》え、ゆっくり動き……包丁を最高の精密さで動か」す。

つまり、「遊」とはただ楽しく遊ぶことではなく、ある技術を高めていった先に、神秘的とも言えるくらい自由になるということなのです。

ピアノの演奏を細かく見れば、一つ一つの鍵盤をどのように叩くかという精密作業です。そこには、まさに一分《いちぶ》の狂いも許されません。いっぽうで、本当にすばらしい演奏で奏《かな》でられる音楽は、この世のものとは思えないほど流麗で、神秘や自由を感じられます。

フローとはそういうものなのです。

●「ワーク・ライフ・バランス」では解決できない

近年、「ワーク・ライフ・バランス」という言葉がよく使われるようになりました。「仕事と生活の調和」などと訳されるように、仕事と私生活のバランスを見直して、人間らしい生活を送ろうというもので、それ自体は望ましいことだと思います。

しかし、私が注目しているのは、Amazon.com の創業者でCEOのジェフ・ベゾス氏が提唱している **「ワーク・ライフ・ハーモニー」** です。

では、二つの違いは何か？

バランスを直訳すると「均衡《きんこう》」になります。天秤《てんびん》がつりあうイメージです。いっぽう、ハーモニーは「調和」、両者が溶けあっているイメージです。

ベゾスは、自分はワーク・ライフ・バランスという言葉が嫌いであると述べたうえで、バランスを取るということは、仕事と生活のどちらか片方を追求したら、どちらかが犠牲になる、トレードオフの関係にあると考えているということだ、と言っています。

仕事と私生活のバランスを取るといっても、単に休日を増やすだけでは、根本的な解決にはなりません。仕事で疲弊したあと、すこしの余暇で回復しても、また「嫌だな」と思いながら仕事に行く。これでは、意味がないということです。

そうではなく、**自分が仕事に満足することで、私生活もうまくいく。逆に、私生活がうまくいくから、仕事にも良い影響をおよぼす**。こうした循環をうまく回していくことが理想です。

ベゾスは次のように言います。

「本質は、自分に活力があるか。つまり、仕事から活力を奪われているのか、仕事から活力を得ているのかなのだ」

ワーク・ライフ・ハーモニーが表しているものは、前述した、遊ぶように仕事をすることに近いと思います。

確かに、長時間の労働は望ましくありません。では、時間を短くすればそれで解決かというとそうではなく、仕事が、自分の人生の活力となっているかという視点で見直すことで、本当の「調和」が生まれるのではないでしょうか。

●極限状況を楽しむ

チクセントミハイは、フローを感じる人の特徴を「自己目的的パーソナリティ」という言葉で表しています。

具体的には、**どのような環境でも最善を尽くす傾向にあり、かつ自分の利益の追求ではなく、内発的な動機づけで行動する人**です。自己愛に陥らず、外界への関心を失わない人である、ともしています。

こうした人々は、普通の人では耐えられないような状況ですら、楽しむことができます。たとえば、スターリン時代のソ連（現・ロシア）で、無実の罪により刑務所に入れられた陶芸家エヴァ・ザイゼルは、頭のなかで自分相手にチェスをしたり、フランス語の会話をしたりして、正気を保ったそうです。

同じくロシアの作家ソルジェニーツィンの友人は、独房の床に世界地図を描き、アジアやヨーロッパを越えてアメリカに旅をする想像をし続けていました。また、ベトナム戦争中、拘束されたアメリカ軍兵士は、頭のなかでゴルフのプレーをイメージし続け、釈放された直後にプレーすると、以前よりもうまくなっていたそうです。

なぜ、彼らはこのようなことができるのか。チクセントミハイの言葉を引用します。

彼らは、環境のごく細部にまで綿密な注意を払い、その中に彼らができるごくわずかなことに合致する隠された挑戦の機会を見つけ出した。次いで彼らは不安定な状況に適した目標を設定し、彼らが受け取るフィードバックを通して進歩の程度を綿密に監視した。目標に到達すると賭《か》け金を積み増し、しだいに複雑な挑戦を自分に課していったのである。

（チクセントミハイ『フロー体験 喜びの現象学』）

トラブルが起きてもいきいきと仕事をされている人がいます。私がテレビ番組でご一緒している、ＴＢＳのアナウンサー安住紳一郎《あずみしんいちろう》さんも、そのようなタイプです。

彼は、生放送で台本通りに進まないようなことが起こるのをむしろ好んでいるそうです。たとえば、記者がスマホで中継状況をテレビ画面に映していた時、私用のメッセージが出てしまった。この時、ただ謝罪するのではなく、うまく笑いに変えたりする。これは、アナウンサーの腕の見せどころです。

もちろん、安住さんはトラブルを願っているわけではなく、混乱に対処する時の、自分の能力がフル回転する感じが好きで、ワクワクするそうです。

トラブルの時は段取り通りにいきません。とっさの判断で順番を入れ替えたり、機転を利《き》かせてアドリブで乗り切ったりする必要があります。普通の人は嫌がるわけですが、安住さんはそれが楽しいと言っています。

●フロー体験をする人の特徴

では、仕事において、どのような時にフロー体験が起こり、どのような時に起こらないのか。

チクセントミハイが『フロー体験とグッドビジネス』で述べていることを整理して、まとめてみます。まず、フロー体験をしている人には次の状態が起きています。

①目の前の目標が明確である

勘違いしないでほしいのは、この場合の目標は、最終的な成果とは異なることです。たとえば、営業担当者の目標はお客さんに商品を買ってもらうことですが、そればかりに固執していると売れません。優秀な営業担当者はお客さんの気持ちや動作に敏感で、次に何をすべきかをわかっている。つまり、成果ではなく「実行の過程」が重要なのです。

②即座にフィードバックがある

自分の行なっていることに対するフィードバックが、できるかぎり早くある状態です。だからこそ、その行動に没頭することができる。理想は、自分で自分の行ないへの客観的な評価ができていることであり、それをできる人が「エキスパート」と呼ばれるわけです。

③チャレンジとスキルのバランスが取れている

これは前述の通りで、自分の能力をさらに向上できるような挑戦をすること。どのような状況でも自分ができることを発見する能力もここに含まれます。

④集中し、没頭する

チクセントミハイは、フローとは禅の感覚であり、瞑想や精神集中のようなもの、その対象について常時考えていなくても、正しいことが行なわれる感覚だとします。その例として、使っている道具との一体化を感じるという、あるロッククライマーの言葉を挙げています。

⑤日常からの脱出

今、目の前にある仕事に集中することは、日常の問題や心配事などにわずらわされていないということです。同様に、過去や未来からも切り離された、「今ここ」しかない感覚でもあります。

⑥状況をコントロールできる

どのような状況でも、自分はそれをコントロールすることができるという、確かな自信があること。ベストを尽くせば大丈夫、と自然に思える状態です。ですから、他人がどのようなことをしてきても、それに悩まされません。

⑦時間感覚が変わる

前述の通り、フローに入ると、時間が知らないうちに過ぎていくように感じます。逆に、遅く感じられることもあります。

⑧自分がなくなる

精神集中することで、自意識や野心、恐怖、欲求を忘れてしまうことができます。今の仕事以外は頭にない状態です。芸術家などによく見られますが、何か偉大な存在への帰属感もこの一種です。

●結果か、過程か

人はフロー状態にあると、集中し、時間やエネルギーが流れているように感じられます。詩人のリチャード・ジョーンズは、次のように述べています。

突き抜けていくエネルギーがあるように感じ、それをさえぎったり、邪魔したりなんてしていません。……フローは自分のなかにいる詩人に詩作の邪魔をさせないときに起こります。

（チクセントミハイ『フロー体験とグッドビジネス』）

映画「燃えよドラゴン」において、ブルース・リーは「Don't think! Feel.（考えるな！感じろ）」と言いましたが、これと通じるものがあるかもしれません。禅もまた、理性の働きに頼りすぎない訓練をするものです。

「⑧自分がなくなる」は、日本人にはなじみのある考えです。道元《どうげん》も「仏道をならふといふは、自己をならふなり。自己をならふといふは、自己をわするるなり」と述べていま す。

道元が中国に留学をした時のこと、年老いた高僧が強い日差しの下でしいたけを干《ほ》していたそうです。道元が「他の者にやらせてはどうですか」と言うと、高僧は「他《た》は己《こ》ならず」と答えました。つまり、他人がしいたけを干しても意味がない。自分が行なうことに意味があるのだ、と言っている。道元ははっと気づく。単に働かざるもの食うべからずという意味だけではなく、その仕事に意味があり、その仕事をしたいからする。

また、高僧があまりに掃除ばかりしているので、道元が掃除道具を片づけようとしたけれども、やめなかった。「やめろ」と言われても、自分がやりたいからやる。これが本来の仕事のありかたです。

ヒンドゥー教の聖典『バガヴァッド・ギーター』は、神クリシュナが王子アルジュナに向けて説く形式ですが、クリシュナは戦いに敗れることを恐れるアルジュナに向かって次のように言います。

「あなたの職務は行為そのものであって、その結果ではない。結果を動機としてはいけないし、無為に執着してもいけない」

つまり、**勝ち負けは大事ではない**。**過程のほうが重要だ**というわけです。このように、仏教やヒンドゥー教では、結果よりも過程に価値を置く考え方をしています。

仕事や生活においても、このような考え方をしていると、非常に楽になります。もちろん、怠《なま》けてはいけませんし、結果を出すために努力する必要はありますが、最後は運や自分の力がおよばない時もあります。確かに、仕事は結果がすべてとも言いますし、それは一面で正しい。しかし、その結果が本当にその人の努力不足なのか、それとも別の要因によるものだったのかは省《かえり》みる必要があります。

受験勉強などでも、結果的に志望校に落ちてしまっても、そこまで勉強していたことは必ず役に立つし、無駄にはなりません。

●仕事の歴史的変化

では、なぜ仕事でフローが起きにくいのでしょうか。

チクセントミハイは、人類の歴史のなかで「仕事」という言葉の持つ意味が変化してきたからだと述べています。

自給自足の生活をしていた未開の時代、人間はいわゆる「仕事」をほとんどしていませんでした。もちろん、食べ物を採ったり、道具を作ったりしていたでしょうが、それは生活の一部であり、労働という概念ではありません。自分のすべきことが明確であり、結果もすぐに出ますから、フローに入りやすかったと考えられます。

狩猟採集時代になると、集団内での仕事が発生しますが、一人の人間が他の人間の労働成果を利用することはありませんでした。

オーストラリアのアボリジニの研究をしている人類学者によれば、彼らの社会は、たとえば仕留めたカンガルーを自分の家族だけで食べたり蓄《たくわ》えたりすることはせず、親戚や周囲などと分かち合う、相互依存的なものであるそうです。

狩猟採集では、部族は常に移動しますから、富《とみ》を蓄積する余裕などありません。財産は個人のものではなく、共有であり、貧富の差が生まれにくい構造でした。個人は今で言うフリーランスの専門家や知識人に近い存在です。この時代もフローに入りやすかったでしょう。なぜなら、狩猟においては自分のすべき目標が明確だからです。

たとえば、イヌイットの漁師は、自分や家族の生活のためにアザラシをつかまえようとします。氷に穴を開け、銛《もり》を持ち、何時間でも水面を注視している。それが退屈でもストレスでもないのは、その行為が必要であるからにほかなりません。

現代でも、芸術家や学者など、自分の興味をそのまま仕事にできている人たちは、フローに入りやすい傾向にあります。チクセントミハイが著書で紹介している科学者は、仕事において常時フローを経験しており、「牧草地を走り抜けている鹿が感じている幸福」を体験しているそうです。

●フローを感じにくい時代

こうした状況は、農業の発達で一変します。狩猟採集より安定して食料を調達できるようになり、人類は定住するようになります。そして、余った作物を蓄えることが可能になり、一部の人、すなわち政治や武力で権力を握った人たちが、他人を雇って働かせるようになったのです。

さらに、工業が生まれ、資本主義となって発達するにしたがい、その役割は資産家に取って代わられるようになります。いずれにせよ、一部の持てる人が、持たざる人を働かせ、搾取する構図が生まれて発達し、現在に至るわけです。

こうした変化のなかで、人は仕事をすることでフローを感じにくくなってしまいました。それはなぜでしょうか？　チクセントミハイは五つの理由を挙げています。

①明確な目標がほとんどない

現代は、個人として一人で働くより、企業など組織に所属して働く人が多い時代です。組織のなかでは、自分がなぜそれをしなければいけないのか、という理由づけが曖昧《あいまい》になります。

たとえば、なぜこの書類を書かなければならないのか、なぜこの規則を守らなければならないのか。もちろん、それらが会社のため、ということはわかるでしょうが、必ずしも納得できるとはかぎりません。いわゆる官僚機構の弊害で、カフカの小説『城』の登場人物のように、その仕事がなぜあるのかわからない状況に陥ってしまうのです。

②適切なフィードバックがなされない

現代の仕事は、高度にシステム化されています。「社会の歯車」という言葉があるように、よく言えば合理的、悪く言えば一人一人の社員は代替可能な部品です。

こうした状況では、たとえ仕事に対するフィードバックがなされても、それは「自分が行なったこと」への評価と受け止めることができません。仕事は、他人のプランを実現する手段でしかなくなってしまうのです。

③チャレンジとスキルが合っていない

近代以降、多くの職業で、専門化が進みました。その結果、必要とされる能力はごく一部となり、人は自分の潜在能力がほとんど活かされていないと感じるようになりました。そして、そのような仕事では徐々にやる気が失われていきます。

これは、必ずしも単純作業だけに当てはまることではありません。若い弁護士が上司から指示されて、ひたすら資料集めに追われていたり、コンサルタントが寝る間もないほどの重労働で疲弊したりといったことも含まれます。彼らは高額な収入を得てはいますが、必ずしもチャレンジができているとは言えません。

④コントロールできない

現代人の仕事の多くは、目標や過程において高度に管理されています。そして、自分の裁量がないために、仕事への興味を失い、次第に言われたことだけをしていればいいや、となってしまうのです。

⑤時間の使い方を外部から決められる

フレックスタイムが広まったとはいえ、多くの人がいわゆる「九時五時」と呼ばれる、会社の定めた時間体系にしたがって働かざるをえません。家庭生活や精神状態などを加味されることなく、自由に働けない環境は、大きなストレスを与えます。

こうして見てくると、フローに入れない理由は、フローの条件の裏返しであることがわかります。

●目標は自分で決める

一つ注意しておきたいことがあります。それは、人のやる気や憧《あこが》れを利用した、いわゆるブラック企業の存在です。厳しい仕事だけれども、あるいは安い給与だけれども、君が成長するには必要なことだなどと言って、働かせる。特に若い人はひっかかりやすいので、要注意です。

目標にとって重要なのは、それを自分が決めることです。単純作業でも、自分なりに工夫してみる。たとえば今日はミスを少なくする、いつもよりペースを上げるなど、自分に課すゲームのようにやってみるのです。

私は入試関連業務で、書類を封筒に入れる作業をしたことがありますが、どうにも退屈です。そこで、みんなで終了時間を決めてどうすれば段取りがよくなるか、ゲーム感覚で実行してみました。すると早く終わり、みんなでご飯を食べに行くことができました。

確かに、フィードバックは現代の仕事、特に事務仕事では直接感じにくいものになっています。大工さんは自分の仕事が上手くいったかがすぐにわかりますし、靴磨きであればピカピカになった靴が目の前にあります。それに対して、事務仕事の成果は自分ではわかりにくい。

ですから、上司には、部下にフィードバックを上手く伝えることが求められます。大きな仕事で個人の成果がわかりにくくても、かつてのNHKの番組「プロジェクトX～挑戦者たち～」のように、一つの物語のなかに、自分が確かにいることを実感してもらうわけです。

エジプトのピラミッドでも、最近の研究では労働力として駆り出されただけでなく、大事業に参加するという肯定的な意識もあったという説も出てきています。

自分で働き方をコントロールできるかどうかも、非常に重要です。それらができるようになれば、ストレスはかなり減るでしょう。

たとえば、朝が苦手な人は夜に仕事をする。夏の暑さが苦手な人は、長期休暇を取る代わりに他の季節に集中して仕事をする。待機児童が問題になっていますが、両親のうちどちらかが在宅で働くことができれば、その状況はかなり改善されるはずです。

これだけ情報機器が発達したのですから、より自由な働き方を実現できるように、社会全体で改革していくことが必要です。

本来、すべての人が遊ぶように働くことが理想です。もっとも、最近はフリーランスの人も増えていますから、その機会は身近になっているかもしれません。

いっぽうで、やはりすべての人がそのように働くのは、まだまだ難しいのも事実です。チクセントミハイは前述のように、学者は研究そのものが楽しくフローを経験している人として紹介していますが、それも大学などに定職があるからできることです。

私も非常勤講師や、それすらなれなかった時代がありますので、実感としてわかります。同じように研究をしていても、定職であるか否かでは、労働条件はもちろん精神的にもまったく違います。もちろん、研究は好きでやっているわけですが、やはり将来の不安はフローに入ることを妨《さまた》げるものです。

●イチローが語ったフロー

会社など組織に所属している人がフローになるには、これらの項目をチェックポイントとして使い、上司と部下で相談するのもいいと思います。

たとえば、営業でも、自分はこのルートで回ると仲の良いお客さんから会えるので、調子が出やすいので変えてほしいと言ってみる。上司も、単に目標をクリアするよう指示するのではなく、どうすればフローに入りやすいかという視点で情報を共有するのです。

目標、スキルとチャレンジ、フィードバック、時間の使い方などのポイントごとに、上司と部下がうまくコミュニケーションを取り、改善すべき点があれば改善していく。そうして、みんながフロー状態で仕事ができる環境を作っていくのです。

そのためにも、まずは**フローとはどのようなものかを、多くの人が共有する**ことが大切です。

最初は、仕事でなくてもかまいません。スポーツをしている時にフロー状態になる。好きなアーティストのライブに行った時にフローに入れた。ゲームをしている時に時間を忘れてしまう……などなど。まずはフロー体験をしている時に、自分にどのようなことが起きているかを知ることです。そして、その感じを、仕事や勉強でも再現できるようにしていく。

二〇一九年にメジャーリーグを引退したイチロー選手は、子どもたちへのメッセージを求められて、次のように答えています。

「自分が熱中できるもの、夢中になれるものを見つけられれば、それに向かってエネルギーを注げるので。そういうものを早く見つけてほしいなと思います。それが見つかれば、自分の前に立ちはだかる壁に向かっていける。……それが見つけられないと壁が出てくると諦めてしまうということがあると思うので」（二〇一九年三月二二日の引退会見）

これは、フロー体験を経験することでその後の困難に打ち克《か》つ力が生まれる、と解釈することができます。

イチローさんは日本のプロ野球、アメリカのメジャーリーグ共に、とてつもない成績を残してきました。「天才」と称される彼ですら、立ちはだかる壁を経験している。それを乗り越えるために必要なのが、熱中し夢中になれるものだと言うのです。それがあれば、壁にぶつかってもあきらめない強さが身につく、と。

また、三割を打つのがあたりまえという周囲の期待に応《こた》えるには、並々ならぬチャレンジがあったことも想像できます。

●全身が喜ぶ感覚

フローに入っている人は、ある種の快感状態にあります。もしかすると、脳内では、ドーパミンなどの快感物質が出ているかもしれません。しかし私は、**フロー体験はもっと全身の感覚、まさに全身が喜んでいる状態**であると思っています。

もともと、スキル（技術）とは、手仕事の要素が大きかったはずです。狩猟でも、農作業でも、手工業でも、すべては手を動かし、足を動かすことから始まります。この「手が動き、手がうれしい」という感覚こそ、フロー体験です。私も自分がフローを経験した時を思い浮かべると、テニスをしたり、教えていて教室が盛り上がったりするなど、全身が喜ぶ感覚がありました。

現在、心や精神の動きを脳に還元する傾向にありますが、人の心の動きはやはり身体とセットになっていて、それだけを切り出せるものではないように思うのです。

たとえば、登山の快感から、身体を抜いたらどうでしょう。VR（ヴァーチャル・リアリティ）機器をつけて景色をすべて見ることができたとして、山頂に辿《たど》り着いた喜びは得られるでしょうか。重い荷物を背負って一歩ずつ山を踏みしめた疲労感と登山の喜びは、密接に結びついているのではないでしょうか。

VR技術はこれからどんどん進化していくでしょう。単に視覚や聴覚だけでなく、全身感覚に近づいていくかもしれません。しかし、私たちはすでに、夢のなかでそれに近い経験をしています。崖から落ちる夢を見ると恐怖を感じますし、ひょっとすると痛みも感じている。人間の想像力は、体感を生み出すこともできるのです。

いずれにせよ、未来学者レイ・カーツワイルが、二〇四五年にはＡＩの能力が人間を超えるというシンギュラリティ（技術的特異点）を予言したように、これらの技術は進んでいきます。もしコンピュータが自分の身体の一部となれば、それらを使うことで、私たちはより容易にフロー体験に入ることができるようになるかもしれません。

いっぽうで私は、そのような事態でも、身体性は残り続けると確信しています。

最近は、職人を目指す若者が増えているそうですし、海外から日本に来て、伝統工芸に従事する人も出てきています。職人の仕事は自ら目標を定め、それに向かってチャレンジをしてスキルを向上させていくことの繰り返しです。まさに身体性を感じることができる。そして、自分の作った作品を見れば、即座にフィードバックが返ってきます。

このように、仕事をフローに入りやすいか否かという視点で見てみると、自分が求める道を見つけやすいはずです。

●幸せを超えた喜び

イチロー選手の言葉のように、まずは熱中できるという瞬間が自分の人生のなかでどのような時に起こったかを見直すことが、フローに近づく第一歩です。あるいは、すでにフローに入っている人に、その経験を聞くことも良い方法です。

飲食店のフロアー係でも、単に注文を聞いたり、料理をサーブしたりするだけでなく、お客さんの名前や好みを覚えていたりすると、その人がいるから、そのお店に行きたくなります。

また、ホテルのドアマンのなかには、何百人というお客さんの名前を覚えている人がいます。おそらく、その方は仕事に誇りを感じ、楽しいから、そのようなことができる。そして、自分自身が気持ち良くフロー状態で仕事をしているから、お客さんも心地が良い。

仕事でチャレンジをすることは、失敗のリスクもありますから、リラックスできる状態ではありません。たとえば、温泉に入って一息つくような状態がもっとも幸せではないかと思っている人もいるかもしれません。

しかし、人は簡単にできることや誰でもできることに、いつまでも満足できません。チャレンジをしてそれをクリアすることで、それまでに経験したことがない喜びがあるのです。これが、やりがいのある仕事につながります。

どうせ仕事をしなければならないのであれば、自分を殺し、時間を殺すようなものではなく、フローに入れる仕事を選ぶことで、自己実現に近づく良い人生を送ることができるでしょう。

二〇一九年のラグビーW杯では、日本は史上初のベスト8進出を目標とし、みごと成し遂げました。躍進を支えた一つが、スクラムです。アイルランドなど体格に勝《まさ》る強豪に一歩も屈しないスクラムは、多くの人の感動を呼びました。

日本代表チームの長谷川《はせがわ》慎《しん》コーチは、足の位置や角度を一センチ単位で調整し、本番に向けて組み立ててきました。目標が明確であり、今やるべきことが一センチの単位で明確に定まっている。この繰り返しで、選手はフローを経験したのではないでしょうか。

「ONE TEAM」の合言葉の通り、一つにまとまったチームは勝利の瞬間、歓喜に包まれました。それは、選手たちのインタビューからもわかるように、さまざまなものを犠牲にすることで成り立っていたのであり、単純に「幸せ」と言えるわけではありません。しかし、それでもなお大きな喜びがあるのが、仕事を成し遂げるということなのです。

第4章

クリエイティビティを身につける

●なぜ、今クリエイティビティが求められるのか

ビジネスで求められる能力は何かと尋ねると、多くの人が**「クリエイティビティ（創造性）」**と答えます。これまで誰も思いつかなかったようなアイデアで新しいビジネスを立ち上げる能力、まさに0から1を生み出す力です。

最近は、「デザイン思考」や「アート思考」など、これまでは感性の領域と考えられていたものがビジネスパーソンにも必要とされる、と主張する本が売れています。誰もがクリエイティブであることを求められる時代と言っても、過言ではありません。

しかし本来、おもしろい企画を立てる、事務処理のスピードに長《た》けている、営業で絶対に売ってくるなど、人それぞれに得意分野があり、役割分担をして、個人の特長を活かせばいいはずです。それが、これまでクリエイティビティを求められてこなかった人にまで求められると、〝しんどい〟部分もあります。

そもそもなぜ、これほどまでにクリエイティビティが求められているのでしょうか。

千歯扱《せんばこ》きを例に考えてみましょう。収穫した稲を脱穀する千歯扱きは、江戸時代の元《げん》禄《ろく》期（一六八八〜一七〇四年）に発明されましたが、その後、なんと大正時代（一九一二〜

一九二六年）まで使われていました。一つのアイデアが二〇〇年間も命脈を保ったわけです。ということは、ほとんどの人は自分より一世代前の人がしたことを踏襲していればよく、アイデアよりも着実さやまじめさが求められていたとも言えます。

しかし、現代は異なります。グローバリズムが世界を覆《おお》い、情報は即座に行き渡るようになりました。企業間の競争は激しさを増し、画期的な新商品を生み出しても、その寿命は短く、すぐに他社に真似されたり、改良品を出されたりします。

情報化は、消費者の欲求も加速させました。あるレストランのメニューがおいしいとなれば、わっと飛びつき、行列を作ります。以前なら、そのメニューを看板商品として一〇年、二〇年とやっていくことができましたが、お客さんは新たな店の情報を仕入れて、そちらに並ぶ。そして、味は変わらないはずなのに、「最近あのレストラン、ちょっと味落ちたよね」などと言われてしまう。

このように、情報化社会においては新しいものを生み出しても、すぐにノーマライゼーション、すなわち一般化の波に飲み込まれます。

これは、消費者には高品質のものがすぐに行き渡るということですから、望ましいことです。しかし、生産者にすれば、新しいものや高品質なものを作ってもすぐに陳腐《ちんぷ》化してしまう、常に新しいものを生み出していないと経営が成り立たないことになります。

言わば、**クリエイティビティは、社会の高度化によるノーマライゼーションのスピードへの対抗策**なのです。

この状況がはたして本当に良いことなのか？　という疑問はあります。しかし、私たちはその波にすでに巻き込まれてしまっており、この流れのなかで生き残るために、クリエイティビティを高めることが求められているのです。

●芸人に学べ

クリエイティブと言うと、音楽家モーツァルトや科学者アインシュタインのような、天才のひらめきを想像するかもしれません。しかし、そう捉えると、彼らのような能力は誰もが持っているわけではありませんから、クリエイティブであることは難しいと感じてしまいます。

そこで私は、**クリエイティブであるとは、アイデアを出せること**だと考えるようにしています。

アイデアとは、何もないところから新たなものを生み出すことではありません。会社や人から与えられたお題や状況があって、それに対して案を提示することです。もちろん、案は一つではなく、複数でもかまいません。

人が困っていることや頼まれたことに対して応えたいという気持ちは、誰にでもあるでしょう。アイデアを出すということは、まさにそうしたチャレンジに対して自分のスキルで応えることでもあります。

ここで参考になるのが、お笑い芸人さんです。私は、テレビ番組「全力！脱力タイムズ」に全力解説委員という立場で出演しています。これは、ニュースを解説する形を取ったコント番組ですが、ゲストの芸人さん以外は事前に台本を読んでいます。そして、芸人さんに無茶ぶりをする。

芸人さんは何も知らない状態で振られて、おもしろいことを言わなければいけないので、力量を問われます。実際、番組収録を終えた芸人さんの多くが「いったい何が正解だかわからなかった」と言います。私は、この**「正解がある」という感覚**に着目します。

私もそうですが、視聴者の方は、お笑いに「正解がある」とは思っていないでしょう。芸人さんは笑いのセンスや反射神経があるからおもしろいことが言えたり、リアクションができたりするのだろうと思っている。しかし、芸人さんたちは、この状況ではどう反応をするのが正解だったたか、を常に考えています。

もちろん、この場合の「正解」とは、テストのように決まった解答があるわけではありません。出演者や話の流れ、場の雰囲気など流動的な状況のなかで、何をすれば一番盛り上がるか。さまざまな選択肢のなかでベストな解《かい》を探るわけです。ですから、事前に正解がわかるわけもなく、あとから振り返って「これは正解だった」「あれはまちがいだった」とわかるものです。

ヒット商品の開発も、これと似ています。何をすればヒットするかは事前にわかりません。マーケティングなどさまざまな技法が発達してきましたが、最後は賭けの要素があることは否《いな》めない。ヒットの理由が常にあとづけであるのは、それが誰も事前にわからないからです。

この番組は、芸人さんの力量を引き出す「チャレンジ」の場となりますし、実力のある芸人さんにとっては実力を見せつける格好の舞台でもあります。

前述のように、私は基本、台本通りなのですが、アドリブで振られてびっくりすることがあります。ある時は、急に「腹話術で解説してください」と言われて（腹話術はやったことがありません）、ノリで行なったこともあります。こうしたチャレンジは、経験してみると、とてもおもしろいものです。

このように、アイデアを求められることは、実は楽しいものなのです。もちろん、おもしろいことを考えるのは簡単ではありません。会社や学校などでは、どうしても失敗を恐れてしまいがちですが、アイデアを出すことは楽しいという感覚をまず思い出すことが大切です。

●アイデアを出すちょっとした工夫

小学生の頃を思い出してください。友人と遊ぶ時には、「何をしようか」「あれをしよう」「これをしよう」などとアイデアを出し合ったのではないでしょうか。子どもは、基本的にクリエイティブなのです。私は、大人に対してもそれを思い出してもらうために、講演などで次のようなことをしています。

まず、たがいに知らない人が何百人も集まっているホールで簡単なゲームで場を温《あたた》めたあと、四人一組になってもらいます。この時の条件は、知らない人どうしであること。そして、問題を出します。

「五色のビー玉が一〇〇組、つまり五〇〇個あります。それを使っておもしろい遊びを考えてください。組のなかの誰かがアイデアを言ったら、他の人はそれに拍手して、みんなでハイタッチをしてください。アイデアが出ない人は盛り上げ役をしてください。それも立派な役割です」

すると、たとえば一人が「ばらまく」と言います。もう一人が、それに加えて「その上を走る」と言う。さらに「転《ころ》び方のおもしろい人がチャンピオン」などとアイデアは重なっていきます。

アイデアを出すのが怖いのはそれがつまらなかったり、的《まと》を外していたりしたらどうしようと思うからです。この場合、何を言っても拍手とハイタッチですから、そうした恐怖心は薄れます。すると、みんな率先してアイデアを出すようになります。

実はここからが本題で、次のような問題を出します。

「ケニアのある村では、水を運ぶのに往復五時間もかかります。子どもたちがその仕事を担《にな》っているために、彼らは学校に行くことができませんでした。ある時、水を運ぶプラスチックの容器に、ある改良を施《ほどこ》した商品が生まれました。それを使うと水汲《く》みが一時間で終わるため、子どもたちが学校に行けるようになりました。それはどのような改良だったでしょうか？」

この問題は実話にもとづくものです。さきほどと同じように、会場のみなさんでアイデアを出してもらうと、多くの組が「転がす」というアイデアに辿り着きます。

これはほぼ正解で、実際には容器の真ん中に空洞を作り、そこにひもを通して転がるようにするというものでした。重たい水を持って運ぶのではなく、転がすことで驚くほど時間が短縮されたのです。

「転がす」というちょっとしたアイデアが、学校に通えなかったケニアの子どもたちの生活を劇的に改善させた。このことはアイデアの持つパワーのすごさを感じさせてくれます。**一つのアイデアは現実を変えうる**のです。

●アイデア出し実践クイズ

重要なのは、**アイデアそのものが画期的なものではない**ことです。

著名人から一般の人までがプレゼンテーションする動画「TED Conference」（日本では二〇一二～二〇一八年に「スーパープレゼンテーション」としてNHK Eテレで放映）にも、アイデアのすごさを感じさせるものがあります。せっかくですので、アイデア出しに挑戦してみましょう。

Q1 どうすれば、スラム街の治安を改善できるか？

ブラジルにはファベーラと呼ばれるスラムがあります。丘全体に不法居住者が集まり、麻薬取引などの温床となっていて治安も悪く、暴力や貧困の街として知られていました。そのような街をどうすれば改善できるでしょうか？

A1 街をペンキで塗る

治安を良くするには、警察の取り締まりを強化するのが一般的です。しかし、オランダのハース&ハーンという二人組のアーティストは、街そのものをペンキで塗るというアイデアを思いつきました。家々をカラフルに塗ったり、絵を描いたりすることで、街全体を明るくするのです。実際、メディアや観光客が訪れることで、治安が改善される効果がありました。アイデアの源《みなもと》は、地元の子どもたちが遊んでいる光景だったそうです。子どもたちが凧《たこ》を揚げて遊んでいるのを見て、それを壁に描いたのです。

Q2　どうすれば、子どもたちに嫌がらずにＭＲＩ検査を受けてもらえるか？

体内の状態を画像として見られるＭＲＩ（磁気共鳴画像診断装置）は大きな穴倉のような機械のなかに入る検査で音もうるさく、多くの子どもたちが怖がったり、嫌がったりします。そのため、子どもたちが検査を受ける際には、鎮静剤を与えることも多いそうです。では、子どもたちが怖がらないようにするには、どうすればよいでしょうか？

A2　冒険を感じられるようにする

ＭＲＩ機器メーカーの技術者ダグ・ディーツは、自社商品の前で泣いている少女を見て愕然《がくぜん》とします。そして解決方法を考えるため、子どもたちの気持ちになってみることにしました。外部のアイデアを取り込んで生み出したのが、「アドベンチャー・シリーズ」です。装置の外装に絵や写真を貼り付け、ジャングルクルーズや宇宙の旅のように感じられるようにしたのです。装置の音も、「宇宙をワープする時の音だよ」など台本を作って、技師たちが対応できるようにしました。この結果、装置も音もなんら変えずに、子どもたちは装置に入ることが楽しみになったそうです。

●思いついたら、すぐ実行する

これらの例を見てくると、クリエイティブであることのハードルがすこし下がったように感じませんか。クリエイティビティとは前述の通り、アイデアを出して実行すること。そしてアイデアを出すことは、実はみなさんが日々やっていることでもあります。

大学の例を挙げましょう。大学というところは会議が非常に多く、けっこうな時間を取られます。では、会議の時間を短くするにはどうすればよいでしょうか？

一つは、報告と審議の順番を変えることです。多くの会議がそうだと思いますが、まず報告があり、次に議題を審議します。すると、報告が延《の》びて、審議の時間が十分に取れず、会議時間が長くなることがありました。

そこで、審議を先にしてみました。すると、報告は残り時間に応じて「あとは資料を見ておいてください」となり、時間通りに会議が終わるようになったのです。

藤田省三《ふじたしょうぞう》という有名な先生は、自身が学部長になった時、座る順番を変えました。それまでは、学部長を上手《かみて》にして順番に並んでいましたが、学部長の席を真ん中にするようにしたのです。すると、皆が円状に並ぶようになり、会議の際に話しやすくなりました。

私も授業で、並んでいる机をどけて、真ん中にイスを集めてフルーツバスケットのようにして行なうことがあります。すると、各自が話したりパフォーマンスをしたりということが、机に座っている時より活発に起きるようになります。

このような場合の**アイデアは、「しくみ」と言い換えることができる**かもしれません。

会社でも、残業を減らさなければいけない時にどうするか？　ただ「減らせ」と言うのではなく、アイデアで解決してみましょう。

たとえば、上司が残っていることが原因なら、上司が率先して早く帰る。あるいは、上司の決断が遅いなら、上司の判断タイミングを早めるしくみを作るなど、考えられることはたくさんあるはずです。

仕事だけでなく、趣味でもかまいません。ブログやSNSによって、個人のアイデアがきっかけになって世界中に広まることも夢ではない時代になってきました。近年、売れているアーティストのなかにも、最初はユーチューブなど動画サイトに楽曲を上げ、そこからデビューにつながったという話をよく聞くようになりました。

今は全員が表現者になれる時代です。とりあえず思いついたら、実行してみる。それによって、思わぬ反応が返ってくるかもしれません。

●トータルフットボール感覚とブリコラージュ感覚

クリエイティビティを高めるために必要なのが「**トータルフットボール感覚**」です。

トータルフットボールとは、オランダのサッカーチーム、アヤックスの元監督リヌス・ミケルスが考案した戦術で、教え子だったヨハン・クライフが中心となって、一九七四年のW杯オランダ代表チームやスペインのFCバルセロナで体現しました。簡単に言えば、ポジションを固定せず、チームがボールをキープするために、すべての選手がゲームに参加しなければいけないということです。

それまではフォワードやディフェンダーなど、役割に応じてオフェンス（攻撃）とディフェンス（防御）をしていました。しかし、トータルフットボールではボールがあるところにいる選手が、攻撃も防御も両方やらなければなりません。〝点取り屋〟だからといって、守備をしないことは許されないのです。

アイデアを出すとは、その時々に起きている状況に応じた解決策を、「当事者意識」を持って常に考えることです。

たとえば、スーパーでレジに行列ができていたら、ふだんは品出しをしている人が応援に駆けつける。災害が起こった年には保険会社の担当部門は忙しくなりますから、別の部署の人が応援に行けるようなしくみを作る。そうした臨機応変な対応をできることが、トータルフットボール感覚です。

実は、この感覚を持っている人は、アイデアの出し手であることが多い。今、何が必要とされるかを考えて、そのためにはこうしたらいいと言えるからです。

もう一つ、クリエイティビティを高めるのに大切なのが**「ブリコラージュ感覚」**です。

ブリコラージュとは、フランスの文化人類学者レヴィ=ストロースが提唱した概念で、「器用仕事」と訳されます。

これは、未開と思われている部族の人たちが何かをする時、その場にあるものを組み合わせて、間に合わせで解決してしまうことを指します。本来はその目的ではない道具も使う、またはあり合わせのものでなんとかする柔軟さが「野生の思考」であるとしました。

日本人のまじめさは長所ですが、融通《ゆうずう》が利《き》かないところもあります。たとえばマッサージ店で六〇分と九〇分のコースがあったとします。時間の都合で七五分でやってくれませんかと言うと、日本では断られることが多いようですが、海外では柔軟に対応してくれます。

このように、ブリコラージュ感覚は頭を柔軟に使うということでもあります。

日常生活において、その最たる例は料理上手な人です。料理上手とは、おいしく豪華なものを作れることだけを意味するのではありません。料理上手な人は、あり合わせのもので一品作ることに長けています。それは、まさにブリコラージュ感覚です。

●時間の使い方は二通りある

トータルフットボール感覚やブリコラージュ感覚によって生み出されるのが、仕事のライブ感です。

たとえば、飲食チェーン店の食事はどこに行っても同じものが味わえる安心感がある反面、その時・その場ならではの楽しみは薄くなります。いっぽう、超一流レストランや家庭の食事は、自分に合わせて作ってくれるようなスペシャル感を味わえます。

ジュール・ヴェルヌの小説『十五少年漂流記』は、まさにブリコラージュの世界です。無人島に漂流した少年たちが、今あるもので難関を乗り越えていく様《さま》に、読者はワクワクするのです。このようなワクワク感は、フロー体験につながります。今、目の前にある課題に集中することで、時間感覚を忘れられるからです。

実は、時間の使い方には二つの方法があります。

一つが、今述べたフロー感覚につながるような、**没入して時間を忘れる**ことです。ただ、こうした没入はその瞬間はいいのですが、長期的な視点がありません。ずっと没入してばかりいては（天才はいいかもしれませんが）、普通の社会生活に対応できなくなってしまいます。

そうした時に必要なのがもう一つの、**時間を管理する**ことです。将来に向けて逆算して、今何をやるべきかを計画的に決めるのです。

この二つの時間の使い方は、車の両輪のようなもので、どちらも必要です。

実は、学校という制度はこの二つの使い方をうまく学べるようにできています。まず勉強は時間割という名の通り、毎週何をするべきかが区切られ、管理されています。これはおおむね、必要な勉強時間数に比例しています。

いっぽう、部活動は没入の時間です。基本的に、部活は自分が好きで選んだものです。もちろん、大会までにこれを身につけなければいけないといった計画的部分がないわけではありませんが、部活で求められるのは、何よりも好きなことに没頭する時間です。

私は、高校時代にテニス部でしたが、三年生になって大学受験のために部活動ができなくなると、とたんに心身の調子が悪くなりました。やはり、管理された時間での生活だけではだめで、没入する時間があることが人生にとって大切なのです。

●生産性と創造性のバランス

没入と時間の管理という、相反する要素をうまく組み合わせていくことは、生産性と創造性のバランスを取ることにつながります。

生産性は、もともと日本が得意にしてきたことです。トヨタ自動車は生産方式を改革することで無駄をなくし、世界で有数の自動車会社になりました。

アメリカの経営学者ドラッカーも、時間と生産性の関係に着目しています。そして、仕事において何が時間を奪っているかを知り、時間という希少資源をどのように使うかを決めることが、経営者の重要な資質であると指摘しています。

日本において、時間を緻密《ちみつ》に管理するシステムを作り上げた最たる例は、コンビニエンスストアでしょう。全国に一万店舗以上を抱える大手チェーンでは、各店に毎日必要なだけの商品を送り届けます。余りすぎてもだめだし、足りなくてもいけない。売れ行きを予測するなどして、物流システムを整えています。

私たちは、おにぎりが品切れしていたりすると「ちぇっ」と思ったりしますが、よく考えれば、長時間お店が開いているのに、ほとんどの場合に品切れ商品がないのはとてつもなくすごいことです。

さらには、公共料金からチケットまであらゆるサービスを網羅するレジを、日本語が完璧ではない外国の方でもできるように、徹底してマニュアル化・合理化しています。

こうした生産性の向上は、仕事において非常に大切です。すべての仕事は、他人や他社よりもいかに生産性を上げるかで決まると言っても、過言ではありません。

ただし、いくら生産性を上げたとしても、肝心《かんじん》の「物」を生み出さなければしかたありません。それを担うのが、本章のテーマでもあるクリエイティビティです。

本来、合理化によって無駄を省けば、働いている人には余剰時間が生まれるはずです。その**余剰時間を、クリエイティビティを高める・発揮することに回す**ことが重要です。かつてのソニーなど日本のメーカーではいい意味での「遊び」が、新商品を生み出す研究開発につながっていました。

しかし、今は多くの企業において、その余裕をさらなる人員削減に回してしまっています。企業は利益を確保しなければいけませんから、人員削減は一つの手段です。しかし、それればかりでは、新たな価値を生み出す能力そのものが落ちてしまいます。

実際、近年とみに日本企業の開発能力が落ちていると内外から指摘されているのはご存じの通りです。

●アイデアは外に出てつかまえる

クリエイティビティを発揮する時間は、生産性を上げる時間とは、質が異なります。生産性を上げるには、一分一秒でも無駄な時間を削《けず》る必要がありますが、クリエイティビティを発揮する時間はそうではありません。没入する時間は一部ですが、それ以外の時間も必要になります。

作家や作曲家は締め切りに追われているイメージがありますが、クリエイティブな仕事はなかなか計画通りにはいきません。

たとえば、私が原稿を書かねばならない時、実際に執筆する時間は一時間であっても、その一時間だけあればいいかと言えば、そうではありません。構想を練ったり、終わったあとにしばらく休んだり、そもそも書く気になるまで待ったり、その前後に、「無駄」な時間がどうしても必要なのです。

昔の作家には、原稿を書くのに鉛筆を一本ずつ削る人がいたそうですが、それも集中に入るための準備作業の一つなのでしょう。ただし、**単に時間があればよいのではなく、うまく集中して、没入できる状態にしなければなりません**。

そのために必要なのが、遊び・ゲーム的要素です。アイデアを求められた時、慣れている人はすぐに一つ二つ出てきますが、慣れていない人は、そこで考え込んでしまいます。しかも、アイデアは時間をかければ出てくるというものでもありません。

実は、アイデアを出すには慣れが必要で、そのためには訓練が有効です。たとえば、アイデアを出すために時間を区切ったり、制約条件をつけたり、競争をしたりするのです。これらの要素は、あくまで楽しく取り入れることが重要です。

たとえるなら、生産性の管理は農耕的な時間世界であり、創造性は狩猟的な時間世界です。ですから、アイデアは自分の内にこもって考え込むのではなく、とりあえず外に出てつかまえられるかわからないけれど、獲物を狩りにいくイメージです。

私は大学の授業で、学生をグループに分け、グループごとに街に出て、自分の知らない世界を発見して報告してもらうことをしています。明治大学は神保町《じんぼうちょう》が近いですから、古書店も多いですし、古くからあるカレーショップや喫茶店もあります。

実際、江戸時代の古書やカレーについて報告してくれる人もいます。なかには、映像作品を作って発表してくれる人もいます。

こうして、今まで気づかなかった街の魅力が引き出されます。言わば、街全体が一つの大きなテキストとなって、それを読み解くことで創造的なアイデアが生まれてくる。これは、単に教科書を読んでいるだけでは味わえない、発見のある勉強です。

このように、**アイデアは自分の頭で探すだけではなく、外に出てつかまえることができるのです。**街を読み解くおもしろさを味わった人は、さらに東京という街をこのようにデザインしたらおもしろいのではないか、といった発想ができるようになるはずです。

●新しさは、伝統のなかにある

技術が進歩し、社会が大きく変わったとはいえ、人間の本質は大きく変わっていないとすれば、クリエイティビティを伝統のなかに見出すことができるはずです。

私は能を習ったことがあるのですが、教えてくれた先生によれば、能の稽古《けいこ》は今でもすべて師匠から仕舞《しまい》（振付）を見様見真似《みようみまね》で習うそうです。しかも、一生のうちに一回か二回しかやらない演目もある。ということは、覚えて維持するだけでも大変です。

伝統を守ると言うと、現状維持のように聞こえますが、実際に舞台を観ると「守る」ことがいかに大変か、すごいことかを実感します。ふだんは普通の中年男性にしか見えない（先生すいません！）その先生が衣装をつけて舞台に立つと、空間全体が揺れるように感じます。これこそ世阿弥《ぜあみ》以来、連綿と続く能の歴史に新たな一ページを付け足している行為です。

そもそも、能は世阿弥が他の流派との競争のなかから生き残るために生み出したものでした。時の将軍、足利義満《あしかがよしみつ》に気に入られなければ競争に負けてしまう。そのなかで考え出したのが、「複式夢幻能《ふくしきむげんのう》」と呼ばれるアイデアです。

これは舞台を前半と後半に分け、前半は案内役の人物が登場し、後半になるとその人が実は亡霊だったという設定です。亡霊になった人には心残りがあり、それを晴らすために最後に踊り、それを旅の僧が脇で見届けるという流れです。

このシステムのすばらしいところは、『源氏物語《げんじものがたり》』であれ、『平家物語《へいけものがたり》』であれ、どのような話でも入れられることです。

世阿弥は『風姿花伝《ふうしかでん》』において、「秘すれば花」との言葉を残していますが、この「花」はもともと珍しさといった意味合いでした。今は伝統として語られるものも、その実《じつ》はクリエイティブで新しいものだったわけです。

俳人松尾芭蕉《まつおばしょう》は「不易流行《ふえきりゅうこう》」を説きましたが、これは変わらないもののなかに新しさを取り入れることで、「新しさ」に力点が置かれています。俳句とは、常に新しい目のつけどころは何か、工夫のしどころはないかと探している文芸でもあるわけです。

また、孔子は「述べて作らず」と言っています。つまり、私は古《いにしえ》の人の言動を伝えているだけで、新しいことは言っていないというのですが、その結果としての『論語』はやはり画期的なものです。

このように、**伝統を学んだり古典を読み直したりすることは、クリエイティビティの発揮につながります**。

版画家棟方志功《むなかたしこう》は「わだば（私は）ゴッホになる」と言いましたが、その作品はまぎれもなく棟方志功のオリジナルです。

●クリエイティビティとはアレンジ能力

今あるもののなかに新しい意味を見出し、それをもっとおもしろく見せるにはどうすればいいかを考えていく。これこそ、まさにクリエイティビティです。

「温故知新」という言葉があります。「故《ふる》きを温《たず》ねて新しきを知る」と訓読されるように、古いもののなかに新しい発見があるとの意味ですが、古いものを知っているからこそ、新しさとは何かを知ることができるとも言えます。

クリエイティビティを発揮するとは、新奇性を追うようなイメージがありますが、**ほとんどの新しいものは、古いもののなかに「ほう！」と驚けるようなものを見つけ出すことから始まっている**のです。

十四世紀から十五世紀、西欧において新たな芸術・学問・科学が花開きました。いわゆるルネサンスです。ルネサンスという言葉が「再生」という意味であったり、「文芸復興」などと訳されていたりすることからもわかるように、そもそもは失われた古代ギリシア・ローマの文化を再興しようとしたものです。

ルネサンスを象徴する絵画に、ボッティチェリの「春（プリマヴェーラ）」があります。

ボッティチェリがこの絵を描いた理由には諸説ありますが、古代ローマの詩人ルクレティウスの『物の本質について』に影響を受けたと言われています。

ハーバード大学教授のスティーヴン・グリーンブラットは著書『一四一七年、その一冊がすべてを変えた』（ピューリッツァー賞と全米図書賞を受賞）において、ルクレティウスの本は一〇〇〇年以上失われており、それが十五世紀になって一人のブックハンターによって再発見されたことが、ルネサンスにつながったのではないかと述べています。

一冊の本の再発見がルネサンスの発端になったとすれば、これはまぎれもなく創造性にあふれたクリエイティブな行為です。ですから、古典や歴史の勉強は古来の知恵を学ぶということだけでなく、今を生きる私たちにとって創造的行為となりうるのです。

幕末に吉田松陰《よしだしょういん》は当時の国防の状況を考えるために、孟子《もうし》の教えを門下生たちと議論しました。それが『講孟劄記《こうもうさつき》』としてまとめられていますが、今のゼミのようなものです。孟子は紀元前四～三世紀の中国の思想家ですから、当時の日本でも大古典です。それを使って国防を考えたということは、松陰がまさに温故知新の視点で、そこからクリエイティブなアイデアを生み出そうとした証《あかし》です。

ドイツの文学者ゲーテも、近代的なロマン主義に批判的でした。いわく、ロマン主義者は、自分一人で何かを生み出すことができると思い込んでいるが、それは病的な考えであり、むしろ古典に学ぶことで新しいものを生み出せるのだ、と。

確かに、現代の発明や新商品も、一人で無《む》から有《ゆう》を生み出すように作られたものは、多くありません。ほとんどのものは、**既存のアイデアを組み合わせたり、異なる文脈に移動したりすることで、新たな需要が生まれている**のです。言わば、アレンジです。

●これからの時代に求められるもの

このように、アイデアをアレンジと捉えることで、私たちは意図的にクリエイティビティを高めることができます。

エジソンは無線や電話、白熱電球などの発明家と思われがちですが、実は彼が発明したというより、より広めさせた性質のものも多いのです。それがだめだというのではなく、アレンジして世に広めたことにこそ、アイデアの価値があるのです。

日本発祥のカラオケは今や世界中に広まり、まさにすぐれた発明です。これを新規性のみから判断すれば、新しい技術は一つもありません。しかし、歌を抜いた演奏だけの音源とマイクという組み合わせをパッケージにすることで、世の中にはこんなにも歌いたい人がいたのか、と思わせるくらい新たな需要を引き出したわけです。

プリクラも同様です。その場で写真を撮り、それが小さなシールとなって出てくる。言ってしまえば、そこまでの新しさはないように思えます。けれども、当時二十代の女性社員が発案したこの機械は、全国の若い人たちをどれだけ幸せにしたでしょうか。プリクラは単なる写真シールではなく、コミュニケーションを変えたのです。

つまり、**クリエイティビティとは、この世界を豊かにするようなアイデアであり、それは何も天才だけがすることではなく、すでにあるものをちょっとアレンジすることでも十分に生み出せるもの**なのです。

ですから、クリエイティビティに対して恐れず、目を開き、心を開くことが大切です。そして、日々のなかでアイデアを出すことを習慣づけましょう。

ためしに何人かでグループを作り、課題を挙げ、それに対するアイデアを出し合ってみてください。最初は勢いよく出ていたアイデアも、三周くらいで尽きるでしょう。しかし、ここでやめてはいけません。苦しいなかで絞り出していると、さらに一周、二周とするうちに、また調子が出てくるはずです。

会社の会議などでよく見かけるのが、司会者が「この議題について何か案のある方？」と問いかけて、皆がシーンとしている光景です。これは、その部署の空気がアイデアを出す雰囲気になっていないのです。

議題を一つのプロジェクトと捉え、学生が文化祭をおもしろくするためにどうするかと問われた時のように、さまざまな案を出す。誰かが案を言ったら、とりあえず「それいいかもしれないね」と相槌《あいづち》を打つ。すると、皆がアイデアを出すようになり、次第にアイデアを出すことがおもしろくなり、止まらなくなってきます。

これからの時代に求められる「頭の良さ」とは、こういうものであると私は考えています。これまでは、教えられたことや解法を当てはめて正解を出すことが良いとされてきましたが、これからはそこから新しいものを生み出す能力が問われるのです。

●「思いつきません」は不可

クリエイティビティとは勇気である、と私は考えます。**一番いけないのは、「思いつきません」という言葉**です。

たとえば、テレビに出演した時に何かを振られて、「思いつきません」はありえない。つまらなくても何かを言わなければなりませんし、逆に何かを言えば、それ自体はつまらなくても、周りの人がその状況を拾っておもしろいものにしてくれることがあります。

儒教では「智《ち》・仁《じん》・勇《ゆう》」を三徳《さんとく》としていますが、現代人にもっとも必要とされるのが「勇」です。他人の目が気になったり、先が見えないことを恐れたりしがちですが、そこを、蛮勇《ばんゆう》を振るって進むと、ある時、突然視界が開けることがあります。

ノーベル賞を受賞するような人たちは、誰もが不可能だと思っていたことに突き進んだからこそ、他の人にできなかったことを成し遂げたのです。

今は情報化社会ですから、さまざまに将来起こりうる可能性を想定して、リスクが低く確率の高いほうを選びがちです。しかし、創造は計画通りにいかないものです。だからこそ創造することはおもしろいわけです。まずやってみて、だめなら次を考える。リスクやムダを恐れすぎて、避けて通るような人生におもしろみはありません。

江戸時代は身分が固定された、まさに「分《ぶん》相応」の社会でした。しかし、そこに甘んじていては、福沢諭吉《ふくざわゆきち》は生まれなかったでしょう。

諭吉は中津《なかつ》藩の下級武士の生まれですが、兄たちは藩に対して不平不満を漏《も》らしていた。すると諭吉は、それならば藩を出ればいいのにと考えました。藩を出ることは身分と収入を失うことですから、兄たちは躊躇します。

逆に兄たちから、お前は何がしたいのかと問われた諭吉は、大金を儲けて思うように使ってみたいと答えます。「武士は食わねど高楊枝《たかようじ》」という言葉があるように、武士がお金について語ることは卑《いや》しいとされていた時代に、破格の発想です。

しかし、こうした新しいものを恐れない勇気と行動力を持っていたからこそ、諭吉はその後、咸臨丸《かんりんまる》でアメリカに渡り、さらにヨーロッパを巡って『西洋事情』を著《あらわ》し、日本に実学を根づかせることができたのでしょう。

明治の日本にはこのような、からりとして明るい気質と勇気を持ち合わせた人が多かったように感じます。

明治から大正にかけて、多くの会社を立ち上げた渋沢栄一《しぶさわえいいち》もパリに渡り、真っ先に髷《まげ》を落としています。その写真を見た妻はがっかりしたそうですが、髪型でもなんでもチャレンジする気概がありました。こうした勇気が、まさに今の日本人に求められています。

第5章

潜在能力が動き出す時

●「私」は何者？

ここまで、マズローの「ピーク体験」「欲求段階説」、チクセントミハイの「フロー体験」「クリエイティビティ」を参照しながら、私なりに「本当の自己実現とはどういうことか」を考えてきました。ここで、もう一度「自己」という言葉に戻ってみます。

自己実現をする時の「自己」、すなわち自分とは何か？

よく似た言葉に「アイデンティティ」があります。「自己同一性」「自分の存在証明」などと訳されますが、要は「あなたは何者ですか？」と問われた時に、「私はこういうものです」と答えられる内容のことです。

たとえば、「あなたは何をしていますか？」と問われたら、どのように答えますか。

社会人の多くは、「私は○○社に勤めています」と答えるかもしれません。もちろん、それでもいいのですが、もし会社が潰れたら、あなたは何者になるのでしょうか。

あるいは、「私は金融マンです」「記者です」と答える方もいるでしょう。この場合は職能ですから、さきほどより本質に近いように思えます。仮に転職しても、同じ職種に就くかもしれません。しかし、もし定年が近いとして、退職後はどうなるのでしょうか。

「私は芸人です」と答えた場合はどうでしょう。さきほどの職能と似ているように感じますが、その人がまだ芸人として生活できない状況でも「芸人」を名乗ることはできます。この場合の「芸人」は単に職能だけでなく、「私は人を笑わせるために芸を磨いている」という、「芸人魂」のような意味合いも込められているようにも感じます。

このように見てくると、アイデンティティにおける仕事の持つ意味がより明確になってきます。つまり、**仕事は何をしているかよりも、仕事を通してどのような価値を生み出そうとしているかが本質なのです**。

これは、「天職」という言葉で表されるものに近いものです。

ドイツの社会学者マックス・ヴェーバーは著書『プロテスタンティズムの倫理と資本主義の精神』で、なぜ禁欲的なプロテスタンティズムから資本主義という、利益を生み出すシステムが生まれたのかを解明しました。

そのなかで提示された概念が**「天職（Beruf）」**でした。つまり、現世で仕事をしてお金を貯《た》めることは、神から与えられた使命（ミッション）であるという考え方です。ちなみに、「Beruf（ベルーフ）」とは、ドイツ語で職業を意味します。

神からのミッションとして仕事を捉えますから、お金を貯めることは悪いことではありませんし、サボるなどもってのほかです。その結果、西欧のプロテスタント社会では資本が蓄積され、資本主義経済が生み出されたというわけです。

●天職に就くのは難しくない⁉

天職と言うと、多くの人は、そのような職業には就いていないと思うかもしれません。内定をもらったなかから、条件の良いところに入っただけだ、と。

しかし、自分の能力が活かされる職業に就いている人は、周囲を見てもけっこういます。たとえば、几帳面《きちょうめん》な人が経理の仕事をしていたり、正義感が強く押しの強い人が刑事になっていたりします。美しい声を活かしてナレーターをしているのも天職でしょう。

テレビにも出演されて話題になった、羽田《はねだ》空港で清掃員をしている新津春子《にいつはるこ》さんとお会いしたことがあるのですが、「清掃がすばらしい仕事であることを認めてもらいたいという思いで仕事をしてきた。落ちにくい汚れがあると、すごいやる気が出て、なんとか落とそうと工夫する」とおっしゃっていました。彼女が、清掃という仕事を天職と感じていることが伝わってくる言葉です。

かつて、駅や空港など公共交通機関における清掃は、注目されるものではありませんでした。また、今の日本では、きれいであることがあたりまえのような感覚がありますが、考えてみれば、これはすごいことです。

新津さんとお会いしてから羽田空港に行くことがあり、改めて見ると、本当にゴミ一つ落ちていないのです。このような人の仕事は、**単に業務をこなしているだけでなく、その仕事の持つ価値を私たちに教えてくれます。**

同様に、新幹線の清掃も「７分間の奇跡」と言われるように、東京駅に着いて折り返すわずかな時間で、床や座席などをきれいにします。そのための手順や道具の工夫・改善を繰り返しています。今や、ハーバード大学のビジネススクールの教材でも紹介されています。

こうした仕事は毎回がチャレンジであり、限られた時間を有効に使うために、みんながいっせいに動いていています。その様子はまさにニーチェの言う「祝祭」のようで、一瞬のなかにわっとエネルギーが弾《はじ》けます。それこそがピーク体験であり、フローでもあります。

●役に立つからするのではない

仕事に没頭する人たちは、次のような経験をしていると考えられます。

かぎられた仕事に注意力を集中すること、個人的な問題や自己について忘れること、コントロールの感覚、時間を忘れること、である。これらは意識の内側の状態の要素である。そして、これらによって、私たちがしていることは何でも、それ自体のためにする価値があることになるのである。

(チクセントミハイ『フロー体験とグッドビジネス』)

重要なのは、人の役に立つからやりがいを感じるのとはすこし異なることです(もちろん、世のため人のためという側面も重要です)。**創造的な行為は役に立つからするのではなく、それをすること自体から新しい意味が生まれます**。

多くの人は仕事を選ぶ際、自分にとって何が得になるか、そして他人にどのように役に立つかという観点で考えてしまいます。しかし、仕事の意味は最初からあるのではなく、それをすることのなかからしか生まれません。

私の授業も、それを知ってもらうことを目的にしています。たとえば、英語の三人称・単数・現在形の「s」や、アインシュタインが発見した公式E＝mc^2（エネルギーと質量は等しい）を題材にコントを作ってくださいという課題を出したことがあります。

これらは通常、学校の授業で覚えておくべきものとして教えられます。しかし、それを題材にコントを作るとなると、その意味を人に伝えるためにさまざまなシチュエーションや説明の順序、たとえ話を考える必要があります。これは、まさに創造的な行為です。

ここで、三単現の「s」をコントにすることになんの意味があるのか、と考えてしまったら、そこからは何も生まれません。コントにすることで自分たちの理解が深まったり、相手に何かを伝えるというコミュニケーションの肝《きも》に気づいたり、そもそも人と一緒に何かを作ることのおもしろさを感じたりするかもしれません。

するると、そこにその人なりの意味が生まれるのです。

●与えられたミッションにしたがう

必ずしも自分の意図しないところからすべきことが生まれること、つまり**他から与えられる課題や使命のようなものを、私は「ミッション」と呼んでいます**。そして、ミッションは人を高揚させ、クリエイティブにするものであると考えています。

たとえば、中世から近世にかけてのキリスト教の宣教師は、世界中に教えを広めるというミッションを帯びていました。もちろん、大航海時代以降のキリスト教による世界支配に対する評価は良い側面ばかりではないでしょうが、彼らのミッション遂行に対する熱意はすさまじいものでした。

今のグローバルな社会においては、企業も本来はミッションを期待されています。企業は単に利潤を追求しているだけの存在ではなく、商品やサービスを通じて、その国の、ひいては世界の文化をつくっていると捉えることができます。

たとえば、ウォシュレットや温《あたた》かい便座は、世界中のトイレ文化を変えました。ロシアなど寒い国の人たちがはじめてそれに触れると、感動するそうです。

また、本場のフランスパンは確かにおいしいのですが、日本人には硬《かた》すぎます。そこでやわらかいパンがどんどん開発されましたが、最近ではそれが逆にフランスで人気になっているそうです。

東京・原宿《はらじゅく》などで見られるファッションやアパレル文化は、世界中で大人気です。かつて日本のファッションは欧米の流行を追うことが多かったのですが、今や大きな影響を与えるに至っています。

これらはすべて、日本の文化を世界に発信することを目的として行なってきたわけではありません。好きなものや良いと思うものを追求した結果、世界がそれを求めるようになった。それが新しい文化を生み出しているのです。

ですから、仕事においては、やりがいや役に立つことをあまり狭い視点で見るのではなく、与えられたミッションに関わることで、自分は新たな文化を作り出しているという意識を持つとよいでしょう。そのなかで、スキルとチャレンジに着目していくことで、自分がするべきことが見えてくるのです。

●人間の存在価値

天職とは、その人ならではの仕事、その人の本質を表す仕事のことです。マズローは、天職についている人は**「存在価値（B価値）」**に人生を捧《ささ》げていると述べています。ちなみに、Bは英語の「Being（存在）」から来ています。

存在価値とは、「それ以上究極的なものに還元できないような本質的究極価値」（マズロー『人間性の最高価値』）のことで、人間にとって本質的なもののこと。この存在価値が、人生に意味を与えてくれるのです。

マズローはこの存在価値として、**真実**、**善**、**美**、**全体性**、**躍動**、**独自性**、**完全性**、**完成**、**正義**、**単純**、**富裕**、**無礙**《むげ》、**遊興**、**自己充足**の一四項目を挙げています（前掲書）。

つまり、自己実現をしている人は、ただ自分のために働いているのではなく、こうした外部世界と通じ合う、なんらかの価値のために働いているというわけです。

自分の存在が「何かのため」にあると考えるのではなく、自分がここに存在していることをあるがままに受け止め、そして自分とはこういうものだったのかという気づきがある瞬間が、存在価値の意味だと言えます。

詩や俳句には、そうした存在そのものを肯定するものがたくさんあります。与謝蕪村の俳句「菜の花や　月は東に　日は西に」はあたりまえのことを詠《うた》っていますが、太陽と月と菜の花がそこにあることの感動を感じられます。

次に、まど・みちおさんの詩「リンゴ」を見てみましょう。

リンゴを　ひとつ
ここに　おくと

リンゴの
この　大きさは
この　リンゴだけで
いっぱいだ

リンゴが　ひとつ

ここに　ある
ほかには
なんにも　ない

ああ　ここで
あることと
ないことが
まぶしいように
ぴったりだ

(谷川俊太郎《たにかわしゅんたろう》編『まど・みちお詩集』岩波文庫)

目の前にある一つのリンゴで「いっぱい」になり、「ほかには　なんにも　ない」。存在していることの価値と不思議さを、これほど簡単な言葉で表現したものはありません。世界のさまざまなものが存在することのすばらしさに気づける人は、自分の存在をも肯定できます。マズローの言う「存在価値」も、それに近いものでしょう。

●自分の可能性に気づく

ここまで説明してきたことを踏まえつつ、マズローが『人間性の最高価値』のなかで述べている自己実現をしている人の特徴を簡潔にまとめてみます。

・低次の欲求が満たされている（47ページの図1における第四段階まで）。
・自分のためではなく、自分の外部にあるなんらかの仕事のために献身している。そしてそれらの仕事は、本質的価値を具体化するものである。
・「したいこと」と「しなければならないこと」が一致している。
・仕事と遊びの二分法では分けられない。仕事が自己の一部となる。
・人は皆、こうした本質的価値を求める性質を持っている。

こうしてまとめると、自己実現とは、単純に自分の夢や希望を実現し、やりたい職業に就くこととは、かなりイメージが異なることがわかります。

自己実現や天職と言うと、すでに自己があり、それを現実の社会で花開かせるようなイメージがあります。しかし、マズローやチクセントミハイはそのようには捉えていません。

自己実現とは自分のためではなく、もっと大きな価値のために仕事をすることです。そうすれば、その仕事は遊びと区別がつかなくなり、それ自体がもっとやりたいことになっていく良い循環になります。

社会には無数の仕事があります。そこには無数の可能性があるわけで、自己実現とはその世界に出会うことで、「あ、これがやりたかったことだ」「これが得意だった」と気づくことだと思います。

マズローは、『完全なる経営』のなかで、自己実現を果たした人の例として、映画「生きる」（黒澤明《くろさわあきら》監督）の主人公を挙げています。

主人公の市役所職員はガンの宣告を機に、住民の要望に応える仕事に奔走します。それまで終業時間になれば帰るような、やる気の感じられなかった人が、できることはすべてやるようになる。この主人公が見つけた道こそ「天職」だと言うのです。

最初に「こうなりたい」があって、そうなるための現実的手段を考えるのが自己実現で

はなく、むしろ自分の潜在能力がこの世界や何気ない日常によって解き放たれる感覚。それが、本当の自己実現ではないでしょうか。

もちろん、なりたい自分を設定して努力していくことは大切なことです。たとえば、受験や就職など基準がはっきりしているものに対しては、そうしたことが必要となります。しかし、社会に出てからは、そうした基準を設定すること自体が難しくなります。

日々の仕事で何をしなければならないかは、上に立つ立場の人ほど自分で決めるしかありません。ただ会社から求められた仕事をこなしているだけでは、その人はいつまでたってもクリエイティブな仕事はできないでしょう。

仕事だけではありません。たとえば「この人と結婚すべきかどうか」を他人は決めてくれません。評価基準自体を、自分で決める必要があるわけです。

とはいえ、基準を自分一人で決めてしまったら、それは単なる「独《ひと》りよがり」でしかありません。自分とこの世界が出会った時に、社会が求めることによって、自分の可能性が開かれる。それが、潜在能力が引き出されるということなのです。

●評価とは創造である

前述しましたが、大学の授業で学生たちに英語の歌を歌わせたりすると、みんな最初は嫌がっているのに、いざ歌うとものすごく上手い。ここからわかるのは、多くの人にとって**「殻《から》を破る」ことがいかに大事か**ということです。

たとえば、くるみの殻はとても硬いですが、それを破るとおいしい実《み》が現れる。潜在能力もこれと同じです。私にとって教育とは、まさにこの「殻を破る」こと。教師志望の学生たちが、生徒の前で殻を破って堂々と振る舞えるようにする。そうした教師に習った生徒たちもまた、自分の殻を破っていくことができるのです。

殻を破ると言っても、大げさなことは必要ありません。人前で話す・歌うなど、小さなことでかまいません。それらはすべて表現につながるのですから。

二〇二〇年、文部科学省による「学習指導要領」改訂では、「思考力・判断力・表現力」が三本柱とされました。私が注目しているのは表現力です。

これまでも、音楽、美術、作文などでは表現力が試されていましたが、算数、理科、社会などではそこまで求められなかったように思います。しかし、たとえば理科なら自ら実験を考えるなど、表現力が求められるようになったわけです。

表現とは、自分の内側にあるものを世界に提示するために行動すること。表現の良いところは、それ自体がチャレンジになることです。

自分が考えていること、自分が良いと思ったことを外の世界に向けて発表する。すると、それに対するフィードバックが返ってきます。

重要なのはこのフィードバック、すなわち「評価」です。評価と言っても、成績の五段階評価や偏差値などとは違います。

ニーチェは『ツァラトゥストラはこう言った』のなかで「評価することが、創造することなのである」と述べています。これは、どういうことか。

たとえば、バスケットボールのルールに「3ポイント・シュート（3ポイント・フィールド・ゴール）」があります。あるラインよりうしろからシュートを決めれば、通常は2点のところを3点入るというものです。

このルールがなければ、コミック『SLAM《スラム》 DUNK《ダンク》』（井上雄彦《いのうえたけひこ》著）の三井寿《みついひさし》君のような、遠くからのシュートが得意な選手は出現しないでしょう。なぜなら、遠くから入れても近くから入れても同じ点数なら、わざわざ遠くからシュートしないでしょうし、背が高くゴール下で強い選手が圧倒的有利になるからです。

こうして考えると、スポーツのルールはある種の「評価」であり、それは、より良いプレーを生み出す「創造的」なものであることがわかります。

遠くからのシュートが得意というだけでは、その能力はまだ「潜在」しているものでしかありません。3ポイント・シュートというルールがあってはじめて、その潜在能力が引き出されるわけです。

教育心理学の世界では、人は期待や評価を受けると伸びやすいこと（「ピグマリオン効果」）が知られています。

しかし評価するのは、必ずしも他者でなくてもかまいません。自分で今日はいい仕事ができたと思ったら、手帳に「ニコニコマーク」をつけてみる。早起きできた、きちんと挨拶をしたなど内容はなんでもいいので、自分で自分を評価するのも有効です。

●モチベーションは自分の外から来る

評価には、あらかじめ定まった基準があると思いがちです。つまり、世間一般の評価基準に、自分を合わせてしまうわけです。しかし、評価の基準はたくさんあってもかまわない。むしろ、**自分のなかにたくさんの評価基準を持つことが、人生を豊かにするためのコツ**です。

たとえば、個性的な声にコンプレックスを持っていた人が、声優の世界に飛び込んだら、その声質が武器になることがあるように、基準が変われば評価も変わります。

評価基準を多様にするには、さまざまな価値観に触れることが大切です。文化や職業の異なる人と知り合いになるのもいいですが、手軽に多様な価値観に触れられる方法は、小説を読むことです。

ロシアの作家ドストエフスキーは社会主義者グループの一員だったために逮捕され、死刑判決を受けますが、執行直前に特赦でシベリア流刑《るけい》となります。その時のことを書いた『死の家の記録』のなかで、監獄で出会った人間には悪い人ももちろんいるが、なかには魂の大きなすごい人もいたと記述しています。

犯罪はもちろん論外ですが、一見成功していない人でも、評価基準を変えれば、その人のすごさが見えてくるかもしれません。芸術家は、そうした新しい評価基準を自ら生み出すことができます。

絵の具をキャンバスに撒《ま》き散らしたようなアクション・ペインティングで知られる画家ジャクソン・ポロックも、世間が評価するから始めたわけではないでしょう。世間でいいとされる絵画とは異なるけれど、自分がいいと思ったからやり始めたはずです。

しかし、チャレンジをしたり努力をしたりするには、モチベーションが必要となります。そのモチベーションを、芸術家のように自分の内側に求めてしまうと、かなりしんどい。また、「やる気があるのか!」と叱っている光景を目にすることがありますが、それでやる気が出ることは滅多《めった》にありません。

私は、**モチベーションは必ずしも自分の内側から起こるものではなく、外側から与えてもらうのもいい**と考えています。

あるテレビ番組で、少年野球チームの練習にランディ・ジョンソンが来て教えるという企画がありました。ランディ・ジョンソンは、メジャーリーグ歴代二位の奪三振数を誇る、偉大な投手です。

彼が教えたのは、ボールを投げる時に体の軸を安定させ、足の親指のつけ根で着地し……といった基本的なことでした。これは、少年野球の監督でも教えられることです。しかし、ランディ・ジョンソンが言うことで説得力が増し、何よりも子どもたちの目が輝いているのです。

実際、一時間ほどの練習で、多くの子どもたちのコントロールは見違えるように良くなりました。これも、子どもたちの潜在能力が引き出されたということでしょう。

自分にとってスペシャルな存在、憧れの存在に触れることで、自分のなかに眠っていた能力が外に出てくる。こうした、外からの刺激によってモチベーションが生まれることがあるのです。

言わば、「出会いパワー」「縁《えん》の力」です。

このように内発的なものだけに頼らず、外発的な動機を求めると、チャレンジが楽になるのではないでしょうか。

●偶然を抱きしめる

自分の殻を破ってなかから出てきた表現が、他人から評価されることで、新たな価値が生まれる。これが、潜在能力が動き出すということです。

そして、そのような評価に出会うために必要なのが「偶然」です。

私はニーチェの言葉 **「偶然が来るのを妨げるな。偶然は幼子《おさなご》なのだから」** が好きで、座右の銘の一つにしています。幼子が歩いてきたら、ほとんどの人はやさしく抱きとめるでしょう。少なくとも、追い払う人はいないはずです。偶然に対してもそのように対処せよ、とニーチェは言っているわけです。

マズローやチクセントミハイが言うように、フローになったり、自己実現をしたりするにはチャレンジが必要です。このチャレンジは無謀な冒険をすることではなく、ちょっとした偶然に身を任すだけでいいのです。日本語に置き換えるなら「縁《えん》がある」ということでしょうか。

必ずしもそれを目標としていたわけではないけれど、ふとしたきっかけでそれが一生のものになることは、誰しも経験があるはずです。

私自身の人生を振り返っても、そういうことがありました。大学生の頃、下宿に引きこもって勉強をしたために、一週間に話した人が定食屋のおかみさんを含めて三人しかいないといったことがありました。その時にふとしたきっかけで行ったテニスサークルで出会った人が、今でも友人だったりします。

あるいは、今の職場（明治大学）も、何の気なしに参加した飲み会で「明大で公募があるから出してみては」と先輩に言われたのがきっかけです。今でこそ、公募情報はネットで見られますが、当時の私は公募情報すら知りませんでした。

このように、偶然を受け入れてみる。そして、それが自分の潜在能力に気づかせてくれる大きなきっかけになることがあります。

偶然の機会はそこら中に存在しています。私たちはそのほとんどをつかむことがないわけですが、潜在能力に気づくことで、その偶然のやわらかな糸をうまく手繰《たぐ》り寄せることができるのです。

●価値基準が共有される瞬間

「ALEXANDROS（アレキサンドロス）」というロックバンドをご存じでしょうか。私はNHKの「18祭《フェス》」という番組で見て聴くようになったのですが、彼らがプロを目指したきっかけは文化祭だったそうです。

ボーカルの川上洋平《かわかみようへい》さんは、次のように述べています。自分たちは目立たない高校生だったけれど、バンドを組んで文化祭で演奏したら「カッコいい」と言われた、その一瞬が忘れられなくて音楽活動を続けている、と。彼らにとって、その一瞬こそが自分たちの潜在能力に気づいた瞬間です。その時、何が起こったのか？

それは、価値基準の共有です。自分がいいと思っているものを、他の人も認めてくれたわけです。なかには、誰一人認める人がいなくても、自分がいいと思ったものはいいと固い信念を持つ天才もいるかもしれません。しかし、ほとんどの人はそこまで強くはありません。

私も中学時代、「テニスセンスがあるね」と褒められたことが、今でも心に残っていますし、作文で「朗読が上手いね」と褒められたことでアナウンサーになった人もいます。

賞をもらったことをきっかけに新聞記者になった人もいます。

つまり、潜在能力が動き出すために必要なのは、価値基準を共有できる他者の存在です。

何も、世の中の人全員に受け入れられる価値基準を持て、ということではありません。**価値を共有できる人は一人でも二人でもいい**。そして、そうした人が一人は必ずいることを、私たちは経験的に知っているはずです。

番組で一緒になる安住アナウンサーは、番組の最後五秒でおもしろいことを言います。私はそれがすごいと思って、必ず褒めるようにしています。しかし、このように他人を褒める人がどうも少ない。ですから、意識して他人を褒めてほしいのです。

世の中にはすごいことをしている人がたくさんいます。けれども、誰からも褒められないので、自分がしていることの価値に気づけていない人が多いように思います。

「情けは人の為《ため》ならず」という言葉があります。人にかけた情けがいずれ自分に戻ってくるとの意味ですが、これに倣《なら》って、私は**「褒めは人のためならず」**と言いたい。

人を褒めることで、その人の潜在能力が開花したのを見ると、とてもうれしいものです。教師にはそうした経験が多いのですが、ある人の潜在能力が動き出すと、そのエネルギーが周囲にも伝わっていきます。そして、自分にも返ってきます。

他人を評価することは、社会を良くするクリエイティブな行為です。とはいえ、他者に評価されることが必要だからといって、一人でいることが必ずしも悪いことではありません。

評論家の吉本隆明《よしもとたかあき》さんは著書『ひきこもれ』（だいわ文庫）のなかで、自身の体験を引き合いに出しながら「『分断されない、ひとまとまりの時間』をもつことが、どんな職業にもかならず必要なのだとぼくは思います。……一人でこもって過ごす時間こそが『価値』を生むからです」と述べています。

一人でこもって培った「価値」はいつか誰かが見出してくれる。その時、潜在能力が動き出すのです。

●「まさに、それだ！」

英語に「This is it!」という表現があります。マイケル・ジャクソンの映画タイトルとしても有名ですが、一般的には「まさに、それだ！」といった意味で使われます。たとえば、自分が言いたかったことを相手がうまく表現してくれた時、「まさに、それだ！」と言うのは、自分のなかにすでにそれがあったからです。

潜在能力が動き出すには、この**「まさに、それだ！」感覚**が大切です。

ある子どもがサッカーの試合中に、とてもいいプレーをしたとします。周《まわ》りにいるコーチや友人たちが「それ、いいプレーだね！」と言った時、すでにその子はいいプレーができていて、あとはそれに気づくだけです。

チャンス、つまり機会の「機」は「はずみ」とも読みます。チャンスをつかむ、機を捉えることを、はずみがつく動的なものとイメージして、その一瞬を逃さないようにすることが大切です。

そのためには、偶然を受け入れ、チャレンジしていくことです。最初から何が得意かをわかっている人はいません。人生においてはじめての経験を避けていたら、その潜在能力が現実のものになることはありません。

何事にもチャレンジしてみることで、自分のスキルがどこにあるかがわかるのです。

マズローは自己実現へ向かう行動として、「正直に答える」を挙げています。

たとえば、ワインを渡されてそれが本当においしいかどうか、自分に正直になって答える。ラベルや評判に左右されずに、自分の舌で評価するわけです。

人生とは選択の連続です。

その時々に、自分に正直になって、より自分らしくなれる道を選択することが、自分らしい人生を生きることにつながります。

まさに、**「一瞬」をつかむ力が求められる**のです。

計画通りいく人生は、きっとおもしろくありません。苦難に満ちた人生はつらいですが、すこしの冒険こそが、人生の意味を感じられる要素になります。

そのための指針を、マズローやチクセントミハイは用意してくれました。彼らの言葉をチェックポイントにして、新たなチャレンジをしていただけたら、筆者としてこれほどうれしいことはありません。

参考文献

A・H・マスロー著、上田吉一訳『人間性の最高価値』誠信書房　一九七三年
A・H・マズロー著、小口忠彦訳『[改訂新版]人間性の心理学――モチベーションとパーソナリティ』産業能率大学出版部　一九八七年
アブラハム・H・マスロー著、上田吉一訳『完全なる人間――魂のめざすもの[第2版]』誠信書房　一九九八年
A・H・マズロー著、金井壽宏監訳、大川修二訳『完全なる経営』日本経済新聞社　二〇〇一年
M・チクセントミハイ著、今村浩明訳『フロー体験　喜びの現象学』世界思想社　一九九六年
M・チクセントミハイ著、大森弘監訳『フロー体験とグッドビジネス――仕事と生きがい』世界思想社　二〇〇八年
M・チクセントミハイ著、大森弘監訳『フロー体験入門――楽しみと創造の心理学』世界思想社　二〇一〇年
M・チクセントミハイ著、浅川希洋志監訳、須藤祐二・石村郁夫訳『クリエイティヴィティ――フロー体験と創造性の心理学』世界思想社　二〇一六年

切りとり線

★読者のみなさまにお願い

この本をお読みになって、どんな感想をお持ちでしょうか。祥伝社のホームページから書評をお送りいただけたら、ありがたく存じます。今後の企画の参考にさせていただきます。また、次ページの原稿用紙を切り取り、左記まで郵送していただいても結構です。

お寄せいただいた書評は、ご了解のうえ新聞・雑誌などを通じて紹介させていただくこともあります。採用の場合は、特製図書カードを差しあげます。

なお、ご記入いただいたお名前、ご住所、ご連絡先等は、書評紹介の事前了解、謝礼のお届け以外の目的で利用することはありません。また、それらの情報を6カ月を越えて保管することもありません。

〒101-8701（お手紙は郵便番号だけで届きます）
祥伝社　新書編集部
電話03（3265）2310
祥伝社ブックレビュー　www.shodensha.co.jp/bookreview

★本書の購買動機（媒体名、あるいは○をつけてください）

＿＿＿＿新聞の広告を見て	＿＿＿＿誌の広告を見て	＿＿＿＿の書評を見て	＿＿＿＿のWebを見て	書店で見かけて	知人のすすめで

★100字書評……潜在能力を引き出す「一瞬」をつかむ力

名前

住所

年齢

職業

齋藤 孝 さいとう・たかし

明治大学文学部教授。1960年、静岡県生まれ。東京大学法学部卒業。同大学院教育学研究科博士課程等を経て、現職。専門は教育学、身体論、コミュニケーション論。著書に『声に出して読みたい日本語』(草思社 毎日出版文化賞特別賞受賞)、『身体感覚を取り戻す』(NHKブックス 新潮学芸賞受賞)、『読書する人だけがたどり着ける場所』(SB新書)、『最強の人生指南書』『最強の人生時間術』『なぜ受験勉強は人生に役立つのか』『最強の家訓』(以上祥伝社新書)など多数。

潜在能力《せんざいのうりょく》を引《ひ》き出《だ》す「一瞬《いっしゅん》」をつかむ力《ちから》

齋藤《さいとう》 孝《たかし》

2020年5月10日 初版第1刷発行

発行者……………辻 浩明
発行所……………祥伝社しょうでんしゃ
〒101-8701 東京都千代田区神田神保町3-3
電話 03(3265)2081(販売部)
電話 03(3265)2310(編集部)
電話 03(3265)3622(業務部)
ホームページ www.shodensha.co.jp

装丁者……………盛川和洋
印刷所……………堀内印刷
製本所……………ナショナル製本

Printed in Japan ISBN978-4-396-11603-3 C0230

〈祥伝社新書〉
歴史に学ぶ

366
はじめて読む人のローマ史1200年
建国から西ローマ帝国の滅亡まで、この1冊でわかる！
東京大学名誉教授
本村凌二

463
ローマ帝国 人物列伝
賢帝、愚帝、医学者、宗教家など32人の生涯でたどるローマ史
本村凌二

168
ドイツ参謀本部 その栄光と終焉
組織とリーダーを考える名著。「史上最強」の組織はいかにして作られ、消滅したか
上智大学名誉教授
渡部昇一

379
国家の盛衰 3000年の歴史に学ぶ
覇権国家の興隆と衰退から、国家が生き残るための教訓を導き出す！
渡部昇一
本村凌二

541
日本の崩壊
日本政治史と古代ローマ史の泰斗が、この国の未来について語り尽くす
東京大学名誉教授
御厨 貴
本村凌二

〈祥伝社新書〉
語学の学習法

312
一生モノの英語勉強法
京大人気教授とカリスマ予備校教師が教える、必ず英語ができるようになる方法
「理系的」学習システムのすすめ
京都大学教授 鎌田浩毅
研伸館講師 吉田明宏

405
一生モノの英語練習帳
短期間で英語力を上げるための実践的アプローチとは？ 練習問題を通して解説
最大効率で成果が上がる
鎌田浩毅
吉田明宏

383
名演説で学ぶ英語
リンカーン、サッチャー、ジョブズ……格調高い英語を取り入れよう
青山学院大学准教授 米山明日香

426
使える語学力
古い学習法を否定。語学の達人が実践した学習法を初公開！
7カ国語をモノにした実践法
慶應義塾大学講師 橋本陽介

102
800字を書く力
感性も想像力も不要。必要なのは、一文一文をつないでいく力だ
小論文もエッセイもこれが基本！
埼玉県立高校教諭 鈴木信一